モンゴル国の伝統スポーツ——相撲・競馬・弓射

井上邦子

凡例

1、モンゴル国の行政区画はウランバートル特別市と21の「アイマグ」とから構成されている。「アイマグ」はいわば日本の「県」にあたる。各アイマグはいわゆる「県庁」のある特別市と、いくつかの「ソム」からなっている。本研究では行政区画を「アイマグ」、「ソム」とそのままカタカナで記述する。

例：　スフバートル・アイマグ、バルーンウルト・ソム

2、モンゴル語引用文献の和訳は、ことわりのない限り、筆者によるものである。

3、引用文献中の下線部は筆者によるものである。

4、モンゴル語文献題目についてはその後ろの（　）の中に和訳を付した。その和訳も筆者によるものである。

例：〝Монгол ардын спорт（モンゴル国民のスポーツ）〟

序文

井上邦子さんの博士論文が単行本として世に問われることになった。ご本人はもとより、わたしにとっても感慨無量である。なぜなら、ここに至るまでにはお互いに長い道のりを要したからである。

人間にはまさに「一期一会」と呼ぶにふさわしい出会いというものがある。彼女とわたしの出会いもそんな一つであった。関西の女子大の卒業と就職が決まっているというある日、彼女はある先生に連れられてわたしの研究室をたずねてきた。もう少し勉強したいという。わたしは即座にやめた方がいいと断言。研究者への道はそんな生易しいものではない、もし、適性がなかったら地獄をみるような苦しみを味わうことになる、と。でも、彼女はわたしのそんなことばを聞きながら、「ここで勉強しよう」とこころに決めていたという。そこから二人三脚がはじまった。

その結実がこの本である。じつによく頑張ったと思う。この道に関しては初心者であったわけだから、研究方法論の勉強からはじめ、先行研究のチェック、モンゴル国への何回にもわたるフィールド・ワーク、学会発表、学会誌への論文の投稿、そして、掲載されるようになるまでの、ご本人の努力たるや想像にあまりあるものがある。

大学院博士後期課程の入試を突破するには英語とドイツ語の二カ国語が要求されたし、さらに、モンゴルの文献をチェックするにはモンゴル語にも手を染めなければならなかった。おまけに、わたしはフランス現代思想を身につけるよう求めた。博士後期課程のゼミナールで用いたテクストは、西谷修の著書をてがかりにして、ジョルジュ・バタイユ、ジャック・デリダ、ジャン＝リュック・ナンシーに及んだ。いずれも、「身体とはなにか」「人間が生きるとはどういうことなのか」という根源的な問いに対する哲学・思想の最先端の応答を探るためだった。一緒にゼミのテーブルを囲んだきわめて優秀な院生たちにも恵まれて、彼女は毎週のように新しい発見を重ね、次第に鋭い論客と化し、さいごには見違えるほどの「切れ者」に変身した。

本書の随所に、きらりと光る言説が登場するのは、そうした努力の結晶である。したがって、この本は単なるエスノグラフィーではない。言ってしまえば、この本は、彼女自身がモンゴル国の伝統スポーツというフィールドを借りて、みずからに課した思考の鍛え直しのプロセスを、その思考のぎりぎりのところで紡いだものなのである。それはとりもなおさず、伝統スポーツとはなにか、その伝統を担う「身体」とはなにか、あるいは、そうした伝統を支える基層文化とはなにか、と問うことであった。

その結果、「技名から読むモンゴル相撲の動きの認識について」「力士の身体の象徴性と創造性」「『競馬ウマ』の聖性について」「弓射の呪術性について」「ナーダム祭の現在と変容」という5本の論文が生まれた。いずれも著者井上邦子さんの熱い思い入れのこもった作品ばかりである。わたしはこれらの作品がそれぞれに誕生する現場に立ち合い、これらをまとめて博士論文として提出するためのサポーターであり、最終的にはその主査を務めるという僥倖を得た。実際に提出された博士論文の原本はもう少しボリュームがあるが、単行本化するにあたって削除・修正を加え、必要最小限にとどめることにした。

本書が広く江湖に迎えられ、モンゴル国の伝統スポーツに関する論議がこれからますます盛んになることを期待して、この稿を終ることにしたい。多くの読者の方々のご叱正・ご批判をいただければ幸いである。

2004年秋　稲垣正浩

目次

第一章　モンゴル国伝統スポーツに関する先行研究の検討

1　ナーダム祭に関連する先行研究の検討

本格的なモンゴル研究は、1944年にフィールドワークを開始した梅棹忠夫[1]によるものであろう。それまで那珂通世[2]などの『元朝秘史』を素材とする言語学や歴史学などの研究蓄積はあったものの、モンゴルの文化を対象にした研究は、梅棹のモンゴル遊牧論が最初の成果と呼べるだろう。同時に、今西錦司[3]が生態学的な遊牧論を発表している。その後、モンゴル国での現地調査は政治的理由で途絶えることとなる。そのため、近年になって中国内蒙古自治区でのフィールドワークの実施が許可されるまで、モンゴルの文化に関して研究が停滞することとなる。現地調査再開後、小長谷有紀が勢力的にモンゴル研究を復活させ着々と研究が積み重ねられている。

そうしたモンゴル研究の蓄積は、まず遊牧論がその筆頭といえるだろう。梅棹のモンゴル遊牧「狩猟起源説」、今西の「群れのままの家畜化」論に始まり、乳の利用法、生殖に関する技術など生業に関する研究がその大半を占めている。小長谷の牧畜作業に関わる儀礼研究[4]などが、その最近の成果であろう。しかし、その中にあってナーダム祭に関する研究は充分成立しているとは言い難い。

特に、モンゴル人民共和国時代の計画経済体制下では、『モンゴル人民共和国ナーダム　騎馬民族のスポーツ祭典』[5]や『モンゴルのスポーツ』[6]などでモンゴル国のスポーツ競技が紹介されることはあるものの、それを除けば情報すら乏しい状態であった。しかし、1990年代に入りモンゴル国が市場経済を受け入れ、モンゴル国への往来が徐々に可能になると本格的な調査が行えるようになった。それに伴い、ナーダム祭に関する情報はテレビや映画などの映像資料や、旅行者向けの情報資料などを通して多く紹介されるようになる。

その背景には、一般市民のモンゴル文化への関心が広まったことが挙げられるであろう。社団法人日本モンゴル協会や日本モンゴル親善協会などは、1960年代より活動を始めていたが、日本の各地にモンゴル関係の民間団体が多く設立されるのは1990年代からである。同時に、日本国内においてモンゴルの情報誌『しゃがあ』が創刊されるなど、モンゴルとの交流が活発化している。また、1996年には兵庫県但東町に「日本・モンゴル民族博物館」が開館したのに加え、国立民族学博物館においても1998年に特別展「大モンゴル展」が開催され、モンゴルへの関心が一層広まることとなった。

そうした中、テレビなどでもモンゴルはたびたび特集が組まれることとなり、その中でナーダム祭は、「モンゴルらしい」光景として多く知れ渡ることとなった。また、1995年には椎名誠監督の映画「白い馬」が公開されたり、ほぼ同時期にオランチメグ監督作品のモンゴル映画「天の馬」が日本で紹介されるなど、ナーダム祭について触れた映画が公開されることでモンゴルの競技は広く知れ渡ることとなった。また、関西空港をかわきりに成田空港からも直行便がでるようになると日本からモンゴル国への旅行者も急増するようになった。それに伴い、旅行者向けの情報誌も次々と刊行され、ナーダム祭が観光ポイントとして案内されるようになった。

それと時を同じくして、モンゴル文化の入門書的文献にもナーダム祭が報告されることも多くなった。例えば、『入門・モンゴル国』にも、小野繁樹が「伝統的生業とむすびついた民族スポーツ」[7]としてナーダム競技を紹介している。また、『モンゴルという国』[8]や、『モンゴル入門』[9]でも草原での遊びとしてナーダム競技が紹介されている。ただこれらは、モンゴル国事情全般の解説書であり、ナーダム祭に関しては若干の情報は得られるもののアウトラインを押さえる程度である。加えて、1997年出版の小長谷有紀編著『アジア読本モンゴル』にはナーダム祭についての拙著[10]が収録されている。

このように、モンゴル国に関する情報がわが国で多く紹介されるようになるにつれ、ナーダム祭についてもその全体像が徐々に明らかにされつつある。しかし、学術的研究という意味では、小長谷の報告「モンゴルのナーダム祭り」[11]や、バー・ボルドー「観光に〈抵抗〉する文化――モンゴルのナーダム――」[12]などが散見されるに留まる。小長谷の論文は、ナーダム祭の歴史から現在の状況を分かりやすく整理しているのが特徴であるが、ナーダム祭に関する新たな視点を提出しているというよりは、これからのナーダム祭研究の課題を提出しているという性格のものである。ボルドーの論文は、観光化するナーダム祭に着目し、観光化に〈抵抗〉することによってナーダム祭の文化を保持する姿を論じるものである。このように、観光化に〈抵抗〉することによって彼等のアイデンティティのよりどころとなるナーダム祭独自の文化を守り、その結果、新しい観光モデルを提出

していると する考察は卓見である。ただ、ナーダム祭の観光化に対して、ひいては国家の西欧化政策に対してモンゴル国の人々がとまどいを覚え、自らの文化の在り方に模索を繰り返しているのも事実であり、そうした部分については記述がなされていない。

以上のように、わが国においてモンゴル国のナーダム祭に関する情報は徐々に蓄積されつつあるのが現状であろう。しかし、学術的研究という意味では、先述の2名の考察を除けば非常に希薄といわざるをえない状況にある。

モンゴル国内における研究では、R・ゾリグ〝Монгол ардын спорт（モンゴル国民のスポーツ）〟[13)]が、本格的研究書の最初と位置付けることができよう。この書はナーダムの成り立ちから、どのように変容してきたか時系列の記述を行っている点で貴重である。また、筆者のR・ゾリグ自身、有名なロッククライミング選手であることから三種の競技の紹介にとどまらず、陸上競技、体操競技、球技など、国際スポーツ大会に参加したモンゴル人の成果なども紹介している。モンゴル人民共和国時代のスポーツに関する情報が得られるという意味では注目すべき文献であろう。ただ本書は、あくまでもナーダム祭を社会主義国家政策の軸である〝スポーツ〟のひとつとして位置付けようとする政府の意図が影響しているものと考えられる。

また、1996年には縦モンゴル文字による〝Эрийн гурван наадам（男の三種の競技）〟[14)]が発行されている。本書は1909年から1921年までのナーダム競技について記述したものであるが、これまでのキリル文字に変わり縦モンゴル文字を採用したところにモンゴル国内の活字文化の現在が見てとれよう。

　社会主義支配の時代[15]以降、ナーダム祭に関する論文は徐々に見受けられるようにはなってきたが、しかし内容は、社会主義時代の文献をそのまま参照するものが多く見受けられる。時代の変化に伴うナーダム祭研究は、今後を待たなければならないのが現状であろう。

2　三種の競技に関連する先行研究の検討

2-1　三種の競技全体に関する先行研究

「ナーダム祭」という明確な記載はないものの、三種の各競技については古代史の分野において、江上波夫が「匈奴の祭祀」で触れている[16]。江上は、史記や前漢書匈奴伝に、「歳正月諸長単于庭祠に小会し、五月蘢城に大会し、其の先天地鬼神を祭る、秋馬肥ゆ、大会蹛林、人畜の計を課校す」とあり、後漢書南匈奴伝において、「匈奴の俗三龍祠有り、常に正月五月九月の戊日を以って、天神を祭る、南単于既に内付し、兼ねて漢帝を祀る、因って諸部を会して国事を議し、走馬及び(闘)駱蹛楽と為す」という部分に着目している。

　江上は、こうした記述をウマ、ウシ、ヒツジなどを犠牲に供し、天地を祀る「鄂博《オボ》」のまわりを何回か遶って(「蹛林」して)、「競馬や角抵等の神楽」[17]をすることであると解釈している。わが国において、特に、近世以前のモンゴルの伝統的競技に関する研究が乏しい中、江上の論考は貴重なものであるといえよう。

上記の江上の論考に加え、モンゴルのシャーマニズムに関連する祭祀の中で三種の競技を行っていたことを明かにしている文献もある。ウノ・ハルヴァは、『シャマニズム――アルタイ系諸民族の世界像――[18]』において、アルタイ系ヤクートの春の祭りでは供犠儀礼が行われると同時に、種々の競技、相撲、競走、競馬がつきものであったことを報告している。また、バンザロフは「黒教或ひは蒙古人に於けるシャマン教」[19]において、モンゴルのシャーマンが矢の飛行によって占いをすることについて述べている。

江上、ハルヴァ、バンザロフの論考は、三種の競技（もしくは弓射競技）がシャーマニズムと深く関連していることを示唆しており、供犠の場においてそれらが行われていた可能性を指摘する非常に重要な文献であると考えられる。ただこれらは、三種の競技が行われた祭祀に関してより古い起源まで遡り明らかにするものではあるが、しかし、その競技自体に主眼はなくその詳細については一切触れられていない。

また、英雄叙事詩などに三種の競技が多く登場することについて、口承文芸研究の分野でも注目されている。蓮見治雄『チンギス・ハーンの伝説――モンゴル口承文芸――[20]』や、原山煌『モンゴルの神話・伝説[21]』などは、英雄が三種の競技をもって敵に勝利し姫を得るという話しの展開になっていることに注目している。

これらの研究の結果、英雄を語るうえで、三種の競技について触れることが不可欠であることが分かる。つまり当該文化の中で三種の競技は、他の技術と比較して特別な文化的意味があり、特に「三種」であることに重要性をみいだせるということであろう。ただこれらの論考は口承文芸の分野に限っての研究であり、三種の競技の文化的意味を現在のナーダム祭と関連付けては論じておらず、そうした研究が今後必要となってくると考えられる。

2-2 相撲に関する先行研究

競技別でみてみると比較的相撲[22]の研究が多くの蓄積を持っている。天海謙三郎「清朝の文献より見たる蒙古の相撲―布庫―について」[23]、鳥居龍蔵の「契丹の角觝」[24]、「蒙古相撲の調査」[25]がその萌芽として挙げられるであろう。また、モンゴル相撲は、歴史学的研究において日本の相撲のルーツを探る意味で研究対象とされてきた。長谷川明『相撲の誕生』[26]、宮本徳蔵『力士漂白』[27]、新田一郎『相撲の歴史』[28]などが、日本の相撲の系譜を考察する上でモンゴルの相撲を取り上げている。また、スポーツ人類学の分野においても、松浪健四郎『格闘技の文化史』[29]がモンゴル相撲を日本の相撲の起源として注目している。

一方、中国内蒙古自治区の相撲に関しては、宇佐美隆憲「中国内蒙古自治区のモンゴル相撲――近隣民族の受容をめぐって」[30]やバー・ボルドーによって研究が蓄積されつつある。その中で宇佐美は、中国内蒙古自治区に伝承される相撲の受容のされ方に着目した研究を行っている。また、バー・ボルドーは、モンゴル国の力士（ブフ）文化の詳細な調査を行い、内蒙古自治区の相撲（ウジュムチン・ブフ）との比較考察を行っている[31]。これら両研究はモンゴル相撲研究に非常に重要な位置を占めているが、モンゴル国を対象とする本研究とは地域的差異があったり、主眼が内蒙古自治区との比較であったりする。また主に、相撲や力士（ブフ）文化に限られており、ナーダム祭全体を扱かった本研究とは対象において差異がみられる。

モンゴル語文献においては、特に、１９９０年代に入り力士の英雄伝といえるようなものが多く出版されるようになった。そうした文献は後に示したが、それらは、人気力士に関しての伝記的要素が強く、対戦成績などが記されていることが特徴であろう。その中で、力士の技術体系を示した〝Барилдах ур〟[32]は注目すべきであろう。これは技に関して詳細に記述しており、力士の教科書的な意味が強いものと思われる。この書は、基本的な力士の技が概観できるという意味において重要であると考えられる。ただ、〝Барилдах ур〟を除く、相撲に関する文献はほとんどが力士の伝記的意味合いが強い。特に「ハルハ族」と呼ばれる民族集団に属する力士は、引退すると同時に本を出版することが通例となっているために、この種の文献が多く蓄積されることとなったのであろう。これらは、各力士の生い立ちや対戦記録などの情報を詳細に得られるという意味では興味深いが、力士ならびに相撲の全体像を把握するという意味では充分であるとは言い難い。

２‐３　競馬に関する先行研究

モンゴルの競馬[33]に関するわが国での研究は、まず、モンゴルのウマそのものに対する関心を主眼においた研究が挙げられるであろう。言語学の分野では、鯉渕信一[34]が論文「モンゴル語における馬の個体識別語彙――主に毛色名を中心にして――」でウマの個体識別語彙について言及している。また鯉渕は「諺・民話等にみるモンゴル人の家畜観」[35]において、「馬」の項で競馬に若干ながら触れている。また、雑誌『馬の科学』に掲載された芒来《マンライ》「日本在来馬のルーツ：モンゴル馬!?」[36]は、モンゴルのウマ文化の一部として競馬をとりあげている。また、楊海英が『草原と馬とモンゴル人』[37]を発表し、モンゴル国のウマに関する文化を明かにしている。そうした中、『セツェン＝ハンの駿馬――モンゴルの馬文化』[38]が翻訳されたことは大きな意味があろう。モンゴルのウマ文化について、モンゴル国内の著者によるものは大変貴重であるといえよう。

以上に挙げたウマに関する研究は、最近になり徐々に成果が蓄積されてきており、本論においてもその成果は充分に活用すべきだと思われる。ただ、これらはあくまでもウマに関する研究であり、その主眼は競馬にはないことは明かである。

一方、いわゆる近代スポーツに属する「競馬」研究においては、モンゴルの事例は注目されることは殆どないといえよう。例えば、エドアルド・S・ブルーソンの『世界の競馬と生産――サラブレッドの誕生および各国における発展と現状』[39]においては、モンゴルの競馬（「フン族の馬」と記載されている）は、ほんの数行触れられているにすぎない[40]。ヨーロッパ産の競馬と比較してモンゴルの事例は殆ど注目されていない結果といえよう。

ただ、文化人類学の分野で、儀礼としての「競馬」は比較的研究の蓄積がなされている。コパースは[41]古代インドのアシュヴァメダがアルタイ語族の行う聖別されたウマの供犠と関連があることを述べている。また、大林太良「神馬の奉献について」[42]も、アシュヴァメダの牧畜民的要素に祭儀的儀礼を挙げ、それがアルタイ系諸族において保存されていると述べている。こうした研究成果は前述したシャーマニズム研究の供犠儀礼と関連があろう。これらの研究がナーダム祭の起源、歴史研究に大きな示唆を与えるものであると考えられる。ただこれらは、アルタイ系競馬の起源の解明を考察するものであり、本研究が方法としているフィールドワークにおける現在の競馬研究とは異なっている。

また、文化人類学の分野で婚礼儀礼に関連して、モンゴルの競馬が取り上げられることが最近の傾向にある。シャラブが描いた「モンゴルの一日」(モンゴル国立美術館所蔵)という絵画をもとに、婚姻儀礼に関係する競馬儀礼に触れているのは藤井麻湖[43]である。シャラブが描いた「モンゴルの一日」は、19世紀末から20世紀初頭にかけての民衆の生活の様子を描いたとされているが、それには、当時の婚礼儀礼の様子が描かれている部分がある。そこに注目する藤井は、花婿側の人間が花嫁を馬に乗せて疾走するという形式的競走儀礼について言及している。また、同じように蓮見治雄[44]も婚礼儀礼に際しての競馬について触れている。こうした婚姻儀礼における競馬は、ナーダム祭の競馬とは直接結びつくものであるかどうかは慎重に議論を重ねなければならないが、無関係ではないと考えられる。むしろ、モンゴルの競馬の文化的意味を知る論考として注目すべき研究である。ただ、これらの研究も現在のナーダム祭の競馬を主眼においたものではないことは明かである。

また、1995年に開催された「シルクロード・奈良国際シンポジウム」のセッション「遊牧騎馬文化とスポーツ」において、当時、内蒙古大学蒙古語言文学系助教授であったブリンバトが、駿馬の鑑定方法などについて興味深い発表をしている。こうして、徐々にではあるが日本国内においてもモンゴルの競馬の全体像が明かになりつつあるだろう。

モンゴル国内における研究では競馬ウマに関する鑑定法、調教法が多く出版されている。その中で重要なもののひとつに、〝Морин эрдэнэ（馬の宝）〟[45]があろう。駿馬とされているウマの特徴から、その鑑定法、調教法などが網羅され、ウマの文化に関する慣習、歴史などが辞書形式で記されている。また〝Хурдан морины уралдааны дҮрэм（駿馬の競走の規則）〟[46]なども、モンゴルの競馬を知る重要な資料となっている。

これらの論考は、一般的な鑑定法、調教法を知る上では非常に有効である。ただ、これら駿馬に関する技法は本来秘儀であり、活字にされない部分が多く存在すると考えられる。これらの文献を活用することは重要であるが、本論が方法とするフィールドワークにおける直接的な面接調査の成果もそれ以上に重要であると考えられる。よって、これらの文献を参照しながらの現地調査が必要となってくるであろう。

2-4　弓射に関する先行研究

モンゴルの弓射に関するわが国の研究は、非常に希薄であると言わざるをえないだろう。考古学や歴史学の分野において、松木武彦[47]や、また、蒙古襲来の当時を描いた絵画について弓の分析を行った清水久夫[48]が若干モンゴルの事例について触れている。しかしこれらは、モンゴルの弓矢の形態については触れているものの弓射競技そのものの言及はみられない。

ただ、『元朝秘史』に記された弓矢に関しては護雅夫[49]が詳しく述べている。護はその中で、『元朝秘史』に取り挙げられている「矢」が統治権のシンボルであるという興味深い論を展開している。また、いわゆる「チンギス汗碑文」（ロシア連邦サンクトペテルブルク、エルミタージュ博物館蔵）と呼ばれる、現存する最古のモンゴル語資料に関する研究において弓射が注目されることはある。例えば、西森晃[50]などの研究がそれにあたる。「チンギス汗碑文」とは、2mほどの楕円系の石版に1225年に刻されたと推定されるウイグル式蒙古文字を示し、1800年代にシベリア研究家のスパスキーによって始めて紹介された。そこには、チンギス・ハーンの甥（イスンケ）が335アルダ（約500m）を射ぬいたという内容が記されている。モンゴル語の最古の記録が弓射についての内容であったことより、碑文の解読の研究が進むにつれ、当時の弓射の技法が明かにされることとなっている。

これら護の研究や、「チンギス汗碑文」の解読研究などは、弓射の数少ない研究もしくは史料として意味のあるものであろう。これらは、モンゴルの弓射の歴史的側面に関して重要な論考であることには違いないが、現在の弓射競技自体に関心が向けられているわけではなく、現在の弓射競技に着目する論考が今後必要となると考えられる。

モンゴル国内における研究については、Ch・ガンドルドの〝Сумын наадам(弓射の競技)〟[51)]や、D・バルダンドルジの〝Сурын харваа(弓矢の能力)〟[52)]が挙げられる。これらは、弓射競技における歴史を概観し、ルール、用具説明、技法に関する詳細な論述が行われている。モンゴルの弓射競技の全体像を把握する上では重要な文献であると考えられる。しかし、これら論文の主眼は、あくまでも、弓射競技の全体像を記述し競技の発展のためにその技術を論述した、いわばテキスト的文献である。

また、上記の2つの論文を除けば、他の競技と比較して文献の蓄積が希薄である。それは、近年、地方によっては弓射競技が行われないところも増え、人気がなくなってきていることも要因のひとつであろう。その理由のひとつとして、ルールが複雑でしかも度々ルール改正が行われるため、一般のモンゴル人には分かりにくいという声も聞かれる。また、他の競技と比較しても弓射の技術が親族間のみに伝承されることが根強く残っており、活字による情報公開が行われにくいという側面があるのではないかと考えられる。他の競技にもまして弓射競技に関する研究蓄積が待たれる現状にある。

3　先行研究のまとめ

以上、ナーダム祭およびその三種の競技について従来の諸研究を概観してきた。そこで、これらの先行研究の現状と特徴を要約しておきたい。その上で本研究の研究意義を探ることとする。

(1) モンゴル文化の解明は、20世紀半ばから牧畜文化に焦点をあてた形で徐々に蓄積されてきたといえよう。それから半世紀たち、モンゴル人民共和国が市場経済を受け入れ国名をモンゴル国とし、わが国との交流が再開されるようになると、モンゴル国文化に対し一般市民の関心が払われるようになってきた。それに伴いモンゴル国の情報も急速に広まったといえるであろう。そうした中、他文化からみて「モンゴルらしい」と感じさせる情景のひとつがナーダム祭であることから、モンゴルの風景として多くの文献に記されるようになった。これまで、モンゴル国自体社会主義制度下にあったため、特に日本では近くて遠い国と考えられてきたが、近年、ナーダム祭を含めた多くの情報が交換されることとなったのは、日本とモンゴル国との交流の面で大きな進歩といえよう。しかし、その大半はナーダム祭の簡単な紹介に終始しているのが現状である。本格的なナーダム祭の研究は一部の萌芽は感じられるものの、それを研究対象とする研究者も少なく、今後、研究の蓄積が待たれるというのが現状である。

ただ、研究史のなかで、以下の2点に示したナーダム競技に関する研究蓄積は重要であると考えられる。

① モンゴルのシャーマニズムを背景とした儀礼に関する研究においてはみるべきものが蓄積されている。それらの研究では、儀礼に際して三種の競技を奉仕していたことが明らかにされており、三種の競技がシャーマニズムを背景とした儀礼に起源を持つことを伺わせる。こうした

研究が示唆することは、ナーダム祭が単なる競技会という以上の意味をもって当該文化に伝承されてきたということであろう。ナーダム祭の起源を探る歴史学的研究といえるであろう。

② 言語学における口承文芸研究でも、三種の競技は注目されている。特に英雄叙事詩などでは、ナーダム競技が敵を負かす場として描かれ伝承されている。特に、三種の競技が英雄たりえる技としてひとつのまとまりで伝承されていることに注目したい。このような三種の競技の語られ方は、それらの文化的意味を考察する上で重要な研究であるといえる。

(2) 相撲に関しての研究は、国内外を含めて三種の競技のなかでは一定の蓄積があるといえるであろう。古くは、天海謙三郎や鳥居龍蔵などの現地調査が残されている。近年では、日本の相撲の起源を探るという歴史的研究においても注目されることも多い。モンゴル国内における相撲研究は20世紀半ばに本格化したものと考えられるが、力士に対する教科書的な文献や力士の伝記が大半を占めているといえるであろう。

よって、残された課題としては、現在のモンゴル相撲をフィールドワークによって相撲の全体像を調査し、力士の身体や技などの事例から、モンゴルの相撲文化を読み解くことが必要である思われる。

(3) 競馬に関しては、ウマそのものに対する関心から発する研究が大半を占めている。いわゆる「近代スポーツ」としての競馬という意味では、モンゴルの事例は等閑視されてきたといえよう。それには、西欧諸国の競馬こそがスポーツの競馬であるという偏った視点がその背景にあるものと考えられ、モンゴルの競馬は、そうした意味では競馬の周辺に追いやられる形となっている。ただ、先にも述べたように供犠儀礼に関する研究において、モンゴルの事例は注目されており、また映画などの公開によりモンゴルのウマ文化への関心も高まってきているのが現状である。

今後残された課題としては、まず、競馬競技の実体調査であろう。モンゴルの競馬の現在に関する本格的な研究はまだ蓄積が充分でない。上記した儀礼研究やモンゴル国のウマ文化に関する研究を素地として、現在の競馬の実体に結びつけるという研究が必要であるといえよう。

(4) 弓射については、三種の競技の中でもっとも研究蓄積が希薄であると思われる。歴史学的に弓矢の形態に注目されることはあっても、その競技自体に関心を向けられることは少ない。また、シャーマニズム研究においても、シャーマンの重要な呪具であったことは示唆されてはいるものの競技自体がどのようなものであったのかの記述はない。モンゴル国内においても、三種の競技の中で人気がなくなりつつあり、また技の伝承も親族間の口承伝承が守られている現状にあるため文献資料は豊富にあるとはいえない。

今後、モンゴルの弓射競技研究に必要なのは、現地調査による弓射競技を主眼とした研究であるといえよう。先行研究により弓矢が重要な呪具であった可能性が指摘されているが、それを念頭においた上での弓射研究が、今後、必要となってくるであろう。

以上がモンゴル国ナーダム祭に関する研究の現状であると考えられる。これまでのモンゴル研究において、儀礼論、口承文芸研究などの研究成果がナーダム祭研究の一助となると思われる。しかし、ナーダム祭そのものに関しては、モンゴル研究の中で等閑視されてきたというのが実情であろう。近年になり、モンゴル相撲を取り上げるバー・ボルドーなどの研究も見うけられるが、一部を除きそのほとんどが見物記的情報であり断片的である。モンゴルのナーダム競技の全体像に迫る研究はこれからの蓄積を待たなくてはならない状況であろう。また、本論で取り上げるような「『スポーツする身体』が想起する〈記憶〉」という発想でナーダム祭を取り上げた研究も見当たらない。

そこで本論においては、ナーダム祭を現地調査し、可能な限りのナーダム祭の現状を明かにすることが肝要であると考える。その上で、上記にも示したようにナーダム祭の歴史学的研究、儀礼研究、口承文芸研究、シャーマニズムに関する研究などの蓄積を踏まえた上で、現在のナーダム祭を読み解くことが必要であると考えられる。その残された課題を考察するためにナーダム競技が想起する、人々の〈記憶〉と「伝統の創造」という、二つの視点から、ナーダム祭へのアプローチを試みることとする。

註および引用・参考文献

1) 梅棹忠夫のモンゴルに関する研究は、『モンゴル研究』〔梅棹 一九九二〕まとめられている。

2) 那珂通世 一九〇七 『成吉思汗実録』 大日本図書

3) 今西錦司の研究は、『遊牧論そのほか』〔今西 一九四八〕などがある。

4) 小長谷有紀の家畜の儀礼に関する研究には、例えば、「モンゴルにおける家畜の去勢とその儀礼」〔小長谷 一九九二a〕などがある。

5) 一九七五 『モンゴル人民共和国ナーダム 騎馬民族のスポーツ祭典』 ベースボール・マガジン社。本文献は、おそらく、モンゴル国内において出版された著作物を、日本語訳し、日本国内において出版したものであろう。元となるモンゴル語文献は何であり、著者は誰であるのかだけでなく、その日本語訳は誰が行ったかさえも記述されておらず、そうした点が明かにされていないことは残念である。ただ、社会主義時代、自由に現地調査が行うことが困難であったことを考慮すると、その時代のナーダム祭を知るためには、貴重な資料であることは、いえるであろう。

6) 一九七八 『モンゴルのスポーツ』 ベースボール・マガジン社。本文献の特徴は、豊富な写真資料にあるだろう。ナーダム競技だけではなく、いわゆる近代スポーツの写真資料も多数掲載されている。ただ、活字の記述部分には、一部、前述の『モンゴル人民共和国ナーダム 騎馬民族のスポーツ祭典』との重複がみられる。おそらく、出展が同じものである可能性がある。

7) 小野繁樹 一九九二 「競技」『入門・モンゴル国』〔青木信治・橋本勝編著〕 平原社 一四九〜一六三頁

8) 小沢重男・鯉渕信一 一九九二 『モンゴル入門』 三省堂

9) 日本・モンゴル友好協会編 一九九三 『モンゴルという国』 読売新聞社

10) 井上〔松田〕邦子 一九九七 「白髪の力士、ナーダムに舞う」『アジア読本モンゴル』〔小長谷有紀編著〕 河出書房新社 一七八〜一八五頁

11) 小長谷有紀 一九九六 「モンゴルのナーダム祭り」『Arctic Circle』 一九 北海道立北方民族博物館

12) バー・ボルドー 一九九九 「観光に『抵抗』する文化―モンゴルのナーダム―」『体育の科学』 七〜四九 杏林書院 五五八〜五六三頁

13）Р. Зориг 1960 〃Монгол ардын спорт（モンゴル国民のスポーツ）〃Улаанбаатар

14）1996 〃Эрийн гурван наадам(男の三種の競技）〃Улаанбаатар

15）現在のモンゴル国にあたる地域は、１９２１年に清朝支配から独立し、旧ソ連の強い影響下で社会主義体制をとっていた。それが旧ソ連のペレストロイカの影響で１０００年代に入り、事実上、社会主義体制が崩壊している。

16）江上波夫 一九九九『匈奴の社会と文化』江上波夫文化史論集三 山川出版 二七四頁

17）前掲16）二七六頁

18）ウノ・ハルヴァ／田中克彦訳 一九七一『シャマニズム』三省堂

19）バンザロフ／白鳥庫吉訳 一九四二「黒教或ひは蒙古人に於けるシャマン教」『北亜細亜学報』第一輯

20）蓮見治雄 一九九三『チンギス・ハーンの伝説―モンゴル口承文芸―』角川書店

21）原山煌 一九九五『モンゴルの神話・伝説』東方書店

22）モンゴル相撲という名称であるが、もともとモンゴル語には「相撲」ということば自体は存在しないと思われる。ただ力士を表すブフということばは存在し、それがしばしば相撲を意味することはある。しかし、正式に相撲は「бөх《ブフ》／барилдаан《バリルダーン》（bökebarilduGa‐n／力士が組み合うこと」と表現される。この組み合うという動詞「バリルダーン」のみで相撲を意味して使われることがある。例えば、ナーダム祭の取り組み表やスケジュール表に「барилдаан《バリルダーン》」とのみ記されていることから、話の文脈によっては、充分、相撲の意味として認知されていることが分かる。しかし、あくまでもこれは、一般動詞の名詞形であり、例えば二人の人間が向かい合ってお互いの肘をつかむという動作にもこの動詞（「барих《バリフ》（bariqu）」）が用いられることが、筆者のフィールドワークによって明らかになっている。よってモンゴル相撲においては、「бөх《ブフ》／力士」ということばが固有の名詞として存在し、相撲競技そのものをあらわすことばは、一般動詞に代用させているともいえるだろう。モンゴル相撲の場合、ことばの面から言えば、まず「力士ありき」ともいえるだろう。このようなモンゴル語の背景から、本来なら競技自体を「ブフ　バリルダーン」と記すべきだと考えられる。しかし、日本語において、モンゴル相撲という語が認知されつつあると考えられるため、本研究では、便宜上、「モンゴル相撲」という語を用いることとする。

23) 天海謙三郎 一九四〇「清朝の文献より見たる蒙古の相撲—布庫—について」『蒙古研究』二―五（蒙古研究会）
24) 鳥居龍蔵 一九四一「契丹の角觝」『鳥居龍蔵全集』第六巻 朝日新聞社
25) 鳥居龍蔵 一九四一「蒙古相撲の調査」『鳥居龍蔵全集』第九巻 朝日新聞社
26) 長谷川明 一九九三『相撲の誕生』新潮選書
27) 宮本徳蔵 一九九四『力士漂泊』筑摩書房
28) 新田一郎 一九九四『相撲の歴史』山川出版
29) 松浪健四郎 一九九三（一九九三）『格闘技の文化史』ベースボール・マガジン社 第二刷
30) 宇佐美隆憲 一九九三「中国内蒙古自治区のモンゴル相撲—近隣民族の受容をめぐって」『アジア・アフリカ文化研究所研究年報』二八 アジア・アフリカ文化研究所 八六〜七七頁
31) バー・ボルドー 二〇〇二「ブフ文化とその再構築過程に関する文化人類学的研究」千葉大学大学院社会文化科学研究科都市研究専攻博士論文
32) Г.Эрдэнэ 1992 〃Барилдах ур(相撲の技)〃 Улаанбаатар
33) モンゴルではいわゆる「競馬」を「モリ・オラルダハ」、すなわち「モリ（去勢ウマ）が競走する」と呼んでおり、日本語の「競馬」のように、競技そのものを一語で示す語が存在しない。よって正確には、「去勢ウマの競走」と直訳すべきであることも考えられるが、ただ、日本語では「競馬」という語が存在するため、「モリ・オラルダハ」を「競馬」と訳すこととする。
34) 鯉渕信一 一九八七「モンゴル語における馬の個体識別語彙—主に毛色を中心にして—」『アジア研究

所紀要』一四 亜細亜大学アジア研究所 三三三一～三〇七頁
35) 鯉渕信一 一九八一「諺・民話等にみるモンゴル人の家畜観」『アジア研究所紀要』八 亜細亜大学アジア研究所 八九～一一九頁
36) 芒来 M・エルデニバートル 楠瀬良 一九九七～九九「日本在来馬のルーツ：モンゴル馬!?」一～一五『馬の科学』三四（二）～三六（六）（日本中央競馬会競走馬総合研究所）
37) 楊海英 二〇〇一『草原と馬とモンゴル人』NHKブックス
38) サロールボヤン・J／尾崎孝宏編訳 二〇〇〇『セチェン＝ハンの駿馬～モンゴルの馬文化』礼文出版
39) エドアルド・S・ブルーソン 一九七八『世界の競馬と生産—サラブレッドの誕生および各国における発展と現状』日本中央競馬協会
40) 前掲39) 一一頁
41) Koppers,Wilhelm 1936 Pferdeopfer und Pferdekult der Indogermanen.in:Wiener Beiträge zur Kulturgeschichte und Linguistik.4:279-409
42) 大林太良 一九九五「神馬の奉献について」『馬の文化叢書六民俗』（岩井宏實編）馬事文化財団
43) 藤井麻湖 二〇〇〇「草原の競馬儀礼」『草原の遊牧文化—大モンゴル展によせて』（小長谷有紀、楊海英編著）千里文化財団 五八～六二頁
44) 蓮見治雄 一九七九「モンゴルのしきたりと馬—婚姻と遊牧をめぐる儀礼」『季刊民族学』三（一）一一四～一二三頁
45) С. жамбалдорж 1993 〃Морин эрдэнэ〃『馬の宝』Улаанбаатар
46) 1981 〃Хурдан морины уралдааны дүрэм〃『駿馬の競走の規則』Улаанбаатар
47) 松木武彦 二〇〇一「弓と矢の系譜—日本原始・古代の武器弓矢の位置付け」『季刊考古学』七六 雄山閣出版
48) 清水久夫 一九九一「『蒙古襲来絵詞』の歴史資料としての価値—弓の形態をめぐって」『法政史学』四三十三～三〇頁

49) 護雅夫 一九五二「『矢を分け與える話』について」『北方文化研究報告』第七号 北海道大学
50) 西森晃 一九八五「チンギス汗碑文の発見と解説」『モンゴリカ』一巻第二号 ベアードベアー出版
51) ЦГанболд 1991〃сумын наадам (弓射の競技)〃Улаанбаатар
52) Д. Балдандорж 1975〃сурын харваа (弓矢の能力)〃Улсын хэвлэлийн газар

第二章　本研究の目的と方法

1　本研究の目的と課題

1-1　本研究の目的

1996年にモンゴル国へ3度目の調査に入ったときであった。そのころモンゴル国では民主化を正式に受け入れ始めてから約5年が経過しており、急速な「欧米化」もしくは「市場経済化」を遂げている真っ只中であった。前年には、首都ウランバートルに初めてのハンバーガーショップが開店していた。いわゆるアメリカ資本の有名なチェーン店ではないものの、当時は町の人々の話題に上った出来事であった。その1年後の96年には、初めてヨーロッパの輸入品を扱う「香水」専門店が、ウランバートル中心部にオープンした。そこには、西欧から輸入された香水に加え、香料入りであることを強調した化粧石鹸やシャンプーなどが、数は少ないもののショーウィンドーに整然と並べられていた。店内には商品の数に見合わないほどの大勢の市民が訪れていた。それと時を同じくして、筆者がウランバートル滞在中、お世話になっていた家族のアパートの部屋には芳香剤が新しく据えられるようになった。柑橘系のにおいのするスプレー式のものであり、そうしたものも最近、ウランバートルで売られるようになったということであった。その家庭の長女（20歳）は、もはや田舎の「ゲル」には住めないことを力説していた。その理由はプライバシーが護られない「ワンルーム」であるということと、「臭い」ということであると教えてくれた。

この家庭の例は、モンゴル国の中でも非常に裕福な一握りの家族ではあるが、しかし、モンゴル国の身体観が新たな時代とともに変化する瞬間を痛感した出来事であった。確かに、ウランバートルを車で30分も走れば遊牧を生業とするゲルが点在しており、草と家畜のにおいが充満している。地方に生まれ、のちにウランバートルに移住した60歳になる知人女性は、その「草のかおり」に生まれ故郷を思い出すという。彼女は、「草」のない、コンクリートで固められた首都を離れ、すぐにでも田舎の草原に帰りたい衝動に駆られると言っていたことを思い出す。

モンゴル国も社会主義時代より都市ではアパートが立ち並び、特にウランバートルでは、ウランバートル生まれの人口が大半を占めるようになって久しい。よって民主化以前であっても、世代間で身体観に隔たりがあったのは事実である。しかし、この急激な市場経済化がそれを加速させ、ともすれば別次元の身体観へと導いているようにさえ感じられる。すなわち、「歴史としての身体」[1)]がまたここで大きな局面を迎えていることを感じるのである。

こうした、身体観の変化が激しいと思われる現在のモンゴル国にあり、ナーダム祭に参加する身体においても、時代が要請する身体観や身体をめぐる思想、言説が変化していることが考えられるのである。すなわち、ナーダム祭を支える身体は常に更新し続ける、多元的で重層的な複合化された媒体であるといえよう。そうであるならば、多元的、重層的な身体観がおりなす現在のナーダム祭とはどのようなものなのだろうか。それを明かにすることが本研究の目的である。

1-2　本研究の視点――〈記憶〉――

本論では、多元的、重層的に複合化された現在のナーダム祭を理解するという目的のために、〈記憶〉という概念がナーダム祭理解にひとつの道筋を示すものであると考えている。

ピエール・ノラは、そうした〈記憶〉を以下のように述べている。ノラは、「歴史学は認識論的時代に突入した」[2)]と新しい歴史学の幕開けを宣言し、「史学史的方法」により史料実証主義が陥っている認識論的隘路からの脱出を試みている。ここでノラのいう新しい歴史学とは、「再生でもなければ復元でもなく、再建でもなければ表象ですらない。それは、言葉の能うかぎりの意味での『再記憶化』である。つまり、過去の想起としての記憶ではなく、現在のなかにある過去の総体的構造としての記憶に関心をよせる歴史学」[3)]であると述べている。すなわちノラは、過去の歴史認識からなる「歴史」が、置き去りにしている〈記憶〉というものに視点を向け、〈記憶〉と一体化した歴史学を試みているのである。

こうしたノラのいう〈記憶〉は、港千尋の考える〈記憶〉とも非常に近しい概念であると考えられる。港は、「人間の記憶は、文字や数字や信号のように書き込まれ保存されている〈記憶〉ではなく、われわれが生きているすべての瞬間に、刻々と変化しながら現出するもの」[4)]ではないかと述べている。そうした〈記憶〉の概念は、「記録としての歴史」の代わりに「想起としての歴史」を提案するものであるとも港は述べている[5)]。ここでも港はノラと同じく、新しい歴史学への提言をしているといってよいだろう。さらに港は、〈記憶〉というものが現在との関係において常に生成しているものであるがゆえに、〈記憶〉が成立するための前提条件を身体感覚であると位置付けている。すなわち、身体イメージは絶えず生成変化する〈記憶〉にとっての基本的な枠組みとなるという。

こうしてみてくると〈記憶〉という概念は常に更新し続けるナーダム祭の身体を捉える際に、非常に重要な概念であるといえるだろう。そうであるならば、前述した「歴史としての身体」は「〈記憶〉としての身体」と言い換える必要があるかもしれない。

ここで、〈記憶〉概念を本論で用いる意義について説明する必要があるであろう。

身体が、今日、操作されるべき「もの」もしくは、財として扱われていることを問題視した言説は多くみられる。西谷修[6]は臓器移植に関連して、「身体」が生きる「わたし」から遊離して「公共性」に委ねられようとしていることを問題にしている。そうした身体を公共性に委ねるという思想は、「合理主義が、合理的でない世界のあり方を『もの』として扱う精神の構造にある」[7]ためであると西谷は述べている。さらに、「それによって精巧で高性能の機械を作り出すことはできるとしても、合理主義そのものは生きた身体のあり様ではないのだ」[8]と述べている。

そもそも身体とは、いわゆる「非‐知」[9]の領域を多分に含んでいるであろう。しかし、その非合理性は、近代という時代にとって、非常にやっかいで扱いにくいものでもあった。そのため、身体は、「もの」として扱われることがおこったともいえよう。

その身体の「もの」化というのは、言い換えれば「純化」への希求だとも取れるだろう。すなわち、「もの」は、形の定まった物体であるかぎり、複合化を受け入れない純然たる媒体であるといえるだろう。そうした、「純化」への希求は、原理主義の最大の特徴であるということも、指摘されている[10)]。身体を「もの」化するまなざし、「純化」への希求は、こうした今日的な問題とも通じるものであるのだ。こうした意味において、身体とは、複合化したもの、多元的で重層的な視座が交差し、常に更新され続けるものであるという視点は、身体の問題だけにとどまるものではない。こうした視点は、現在の諸問題にさらされる身体を考えることにもなるのである。そうした近代合理主義では語ってこられなかった身体——すなわち多元的、重層的であり、複合化を受け入れるような身体——を、〈記憶〉という概念は理解の道筋を示してくれるものだと考えられる。こうした非合理の身体は、形而上学的な言説によって説明さえ不可能であった。しかし、〈記憶〉という概念は、これまで語られなかった非合理性にひとつの解答を指し示すことであると筆者は考えるのである。

ピエール・ノラは、〈記憶〉を歴史と対峙させ以下のように説明している。この2つはあらゆる点で相反するというのがノラの立場である。〈記憶〉は絶えず変化し、想起と忘却を繰り返す。しかし歴史は、常に問題をはらみまた不完全であるが、もはや存在しないものの再構成であるという。また〈記憶〉は、永遠に現在形で生きられる絆であるが、歴史は過去の再現である。〈記憶〉は、感情的で呪術的であるが、歴史は、聖性を奪う作業である。〈記憶〉は、絶対であるが、歴史は相対しか知らない——[11)]こうした言葉で説明されるノラの考える〈記憶〉とは、次の言葉に集約されていると考えられる。「記憶とは、生命であり、生ける集団によって担われる。記憶は、絶えず変化し、想起と忘却を繰り返す」[12)]。ここでノラが述べるのは、絶えず変化し現在との対話において生成する〈記憶〉の姿であると思われる。そうした〈記憶〉の概念こそが、ナーダム祭の現在を説明しうる概念であると考えられるのである。

以上の理由から、本論ではナーダム祭の現在を理解するために、〈記憶〉という概念を視点の中心に据え、ナーダム祭そのものがモンゴル国の人々にとって〈記憶〉の積み重ねであると定義し、その〈記憶〉の層を読み解くことでナーダム祭の現在を明らかにするものである。

1-3　本研究の課題と研究方法

そこで本論では、ナーダム祭がどのような〈記憶〉の層によって成り立っているのかを明らかにすることが課題となる。

社会主義体制を通過し、市場経済を取り入れたモンゴル国において、先に述べたような現在ならではの身体観の変化が見うけられるであろう。ナーダム祭もそれは例外ではない。ではいったい、ナーダム祭はどのような身体観の積み重ねを経て、現在にいたったのであろうか。それをナーダム祭の各競技別において、基層文化として抽出したのが第四章から第七章である。まずひとつは、相撲の技名に現出することばに注目し、ふたつめには力士の身体の象徴性と創造性に着目した。次に、競馬に出場するウマの聖性が付与される過程を題材として、最後に『元朝秘史』に登場する弓矢に着目して基層文化について述べた。その基層文化はいうまでもなく、ノラのいうところの「歴史」として存在するわけではなく現在の対話において――ナーダム祭の場合、「スポーツする」身体が想起するかたちで――想起されるものであることをここでは強調しておきたい。

ナーダム祭の〈記憶〉の層に触れた上で続く八章では、ナーダム祭の現在を浮き彫りにしようと考える。モンゴル国の場合、1920年頃より70年以上続いた社会主義体制下においてナーダム祭を開催し続けてきた。当時は政府の方針のもと、ナーダム祭は宗教的、儀礼的要素は排除され、いわゆる「近代スポーツ」としてのナーダム競技が行われてきた歴史がある。そうした社会主義体制下において70年以上続けてこられたナーダム祭は、国民にとっていわば「近代の集団的〈記憶〉」となっていることも事実である。例えばナーダム祭が市場経済を導入した現在においても革命記念日の7月11日に開催されている。ナーダム祭の祭日が革命記念日に重ねられるということは、社会主義体制下の「集団的〈記憶〉」が、一年のサイクルの中で毎年、想起されているということであろう。

こういった近代の集団的〈記憶〉の更新は、ホブズボウムのいうところの「伝統の創造」という形でおこりうるのではないかと考えられる。ホブズボウムは伝統を「実際に創り出され、構築され、形式的に制度化された」[13]ものであるとし、またR・レンソン[14]も、「伝統は自動の過程ではなく、むしろ意識的な選択行為である」と述べている。本研究で取り上げるナーダム祭においても集団的な〈記憶〉は、「伝統の創造」という主催する側による意識的な選択行為によって更新されていることが考えられる。市場経済を導入して10年あまりのモンゴル国にとって、こうした「伝統の創造」はいわば進行中である。

よって第八章では、ナーダム祭の「伝統の創造」はどのような形で行われ、国家としてはどのような祭典としてナーダム祭を構築しようとしているのかについて考察することとする。

以上の考察により、本論の目的である多元的、重層的な身体観がおりなすナーダム祭の現在が明かになることと考えられる。

なお、本研究はスポーツ人類学の立場よりモンゴル国の現地調査を行い、参与観察を中心として考察を行ったものである。具体的には1995年から1998年までの6度のフィールドワークにおいて、ウランバートルならびにスフバートル・アイマグ、バランバヤット・ソムならびに、トゥブ・アイマグ、ナライハ・ソムを中心に調査している。調査の時期はナーダム祭が行われる夏期ならびに、旧正月の相撲、競馬大会（ツァガーン・サル）が行われる2月の両時期に実施した15)。こうした現地調査の中で必要に応じて各競技者や関係者からの聞きとり調査、ならびにビデオによる撮影などを試みた。合わせて現地調査から得られる情報を補うために、日本語文献だけではなく現地でしか入手できない文献資料を分析することによって論を展開した。

2　研究対象地域

本研究は、モンゴル国（Mongolia）におけるナーダム祭を研究対象とするものである。いわゆる「モンゴル系集団」と呼ばれる人々は、ユーラシア大陸の北東部、現在のモンゴル高原――国家区分でいえば、独立国家のモンゴル国（いわゆる「外モンゴル」とも呼ばれる。本研究では「北モンゴル」と呼ぶ）、中華人民共和国の内蒙古自治区（いわゆる「内モンゴル」とも呼ばれる。本研究では「南モンゴル」と呼ぶ）、ロシア連邦ブリヤート自治区——などに居住している。よって、「モンゴル」と呼ばれる地域においても、国家によって分断されており、そこには異なる自然環境、複雑な文化的背景、様々な言語などが重層的に含まれることと考えられる。しかし、本研究の対象地域はモンゴル国に限定するものである。

モンゴル国は17世紀末より清朝支配下にあった。辛亥革命後1911年にハルハ地方のモンゴル人が独立を宣言、活仏を皇帝とするボクト・ハーン政権を確立し、全モンゴル系住民の再統合を目指した。この時期にモンゴル人の間で近代的意味における民族主義が覚醒したといわれている[16]。しかし、旧ソ連は南モンゴルに進出する日本との関係や、世界的な中国領土保全の傾向に考慮し、ボクト・ハーン政権を北モンゴルに限定し独立させたのが1921年である。1924年にはモンゴル人民党が政府を樹立し、旧ソ連の「衛星国」として「モンゴル人民共和国」が誕生し憲法も採択されている。このころより少しずつ社会主義的色彩が現れることとなり、その後厳しい宗教弾圧や遊牧の強制的集団化、反革命という名目での虐殺など急速的な社会主義政策によって暴動が各地で起るという歴史を歩むことになる。第2次世界大戦においてもモンゴル人民共和国は、旧ソ連に協力し南モンゴルにまで侵攻したという。

戦後は以前より社会主義政策は緩やかになったとはいえ、遊牧民の協同組合であるネグデルが全国に配置され、文字もロシア文字（キリル文字）化が進み、ソ連型の社会主義を踏襲することとなった。日本とは1972年に国交が回復している。

こうした状況の中、旧ソ連のペレストロイカの影響で、1987年ころより改革が模索され民主化運動が起り始めることとなる。1990年には初の複数政党制民主選挙が行われ、1992年には国名が「モンゴル国」と改名され、事実上社会主義が崩壊することとなった。現在のモンゴル国は人口約240万人であるが、産業構造の変化に伴い都市化が急激に進み人口の半分近くが都市人口となっている。

20世紀が終焉を迎え、21世紀が始まるとともにモンゴル国は、まさに国家再生の時期を迎えているといえよう。民主化に伴い従来の政治的システムが改変され、それに付随する社会的混乱、経済的困難に直面している。また、チンギス・ハーンの再評価、ウイグル式モンゴル文字の国字化の動き、仏教の復活など「伝統」への回帰も志向されている。

また、旧ソ連からの独立をはたした結果、モンゴル国内において今日的問題として民族問題が浮上している。モンゴル国では、モンゴル系住民（ハルハ、ドルベト、バヤト、トルグート、オールドなど）が95％を占めるものの、チュルク系（おもにカザフ）、中国系、ロシア系などの住民もいる。こうしたモンゴル系住民対その他の諸集団との対立が発生している。また、モンゴル系住民の間においてもその70％以上を占めるハルハ族が政治的、経済的にも主導権を握ることとなっている。現在においても通婚により、ますますハルハ化が進行しているのが現状であるが、しかし、ハルハ対他のモンゴル系の少数派集団との確執を生んでいるのも事実である。

このように、モンゴル国内の民族問題はモンゴル系集団対他集団、加えてモンゴル系集団内における確執と、重層的に存在しているのが現状である。市場経済導入後に起った社会的混乱、経済的困難に立たされている今日、そうした重層的な民族内問題が益々複雑化、表面化しているのである。

以上のような、激動の時代を経験するモンゴル国の現状にあって、ナーダム祭がその影響を受けることは当然であり、新たな局面を垣間見せているはずである。そうした意味においても、モンゴル国を研究対象地域とすることに意義があると考える。

註および引用・参考文献

1) 「歴史としての身体」という視点は、以前からの研究に存在するものではあるが（例えば池上俊一の『歴史としての身体』〔一九九二　柏書房〕がある）、最近では、雑誌の『環』七（二〇〇一　藤原書店）において、興味深い特集が組まれている。

2) ピエール・ノラ／谷川稔監訳　二〇〇二　『記憶の場』　岩波書店　二七頁

3) 前掲2）二八頁

4) 港千尋　一九九六　『記憶―「創造」と「想起」の力―』　講談社　六頁

5) 前掲4）八頁

6) 西谷修　二〇〇一　「公共化する身体」『環』七特集歴史としての身体　藤原書店　六二～六八頁

7) 西谷修　一九九五　「身体の〈テクネー〉のゆくえ」『スポーツの後近代』（稲垣正浩著）三省堂　二五六頁

8) 前掲7）二五六頁

9）「非‐知」とは、ジョルジュ・バタイユの提言するものであるが、いわゆる「概念とはならない概念」（湯浅博雄 一九九八 『バタイユ』 講談社 一二頁）であるといえるだろう。バタイユは、「非‐知」を以下のように説明している。「体系的なものと見なしうる認識の再検討からではなく、最大限の知識を獲得しようとする配慮から。というのも実際、わたしが既知の領域に還元しうるような未知の領域で満足できる程度の好奇心をもっているだけなら、ヘーゲルが絶対知と呼んだものを語ることなどできない、というのはまったくもって自明のことですから。わたしが何も知らないと主張しうるのは、ただわたしがいっさいを知り尽くしたと仮定した場合だけであり、わたしが非‐知に到り着いたと決定的に主張しうるのは、この言説的知〔絶対知〕をわたしが所有したときだけでしょう。事物を不正確にしか知らないうちは、いくら非‐知だと言い張っても、それは空疎な主張にしかなりません」（ジョルジュ・バタイユ 一九九九 『非‐知』 平凡社ライブラリー 一五頁）。これは、湯浅の解釈によると「〈知〉が自分自身への異議提起となり、『それ自身として存在する』ことから絶えずずれ、無限に終わることなく自らを消しては書き直す運動に投入されること」（一一二頁）であるという。すなわち、ヘーゲルが唱える「絶対知」を得ることで、確固たる「主体」となる「自分」への異議である。バタイユは、絶えず「自らを消しては書き直す運動に投入」されることこそが「非‐知」であるといっている。ここで湯浅が述べている、「自らを消しては書き直す運動」というのは、バタイユの「内的体験」にあたるであろう。この「内的体験」とは、例えば「供犠」や、「死について思う」、「笑う」ことによって得られるような体験である。こうした、「内的体験」の極点にあるような「非‐知」の領域は、多分に身体性を持ち合わせていると考えられる。

10）『原理主義とは何か』（西谷修・鵜飼哲・港千尋 二〇〇一 河出書房新社）では、原理主義へ向う過程を以下のように説明されている。「揺るぎない準拠への願望が生まれ、『純化』への、『自己充足』へのノスタルジーが煽られて、『無垢』の起源が捏造され、無条件の準拠がその無根拠さゆえに担ぎ出される」（二一七頁）。また、『原理主義とは何か』では、港千尋が「記憶―あるいは共有と言ってもいいんですが—だけで原理主義に対抗する概念をつくれるような気がする」（二〇四頁）と述べている。さらに、「核」へ突き進むロジックを絶ちきるために連綿たる連続性、関係性—それを港は、〈記憶〉と呼ぶ—の中で、その中から個が立ち上がってくる瞬間をもう一度明確にしなければならないと述べ、〈記憶〉概念への注目を促している。

11）ノラは、「歴史」に照らし合わせ、何とか〈記憶〉の姿に近づこうとしているようである。明確な言説で定義できないような概念、それこそが〈記憶〉の姿そのものであるといえるのだろう。

12）前掲2）三二頁

13）エイリック・ホブズボウム テレンス・レンジャー 前川啓治／梶原景昭他訳 一九九九（一九九二）『創られた伝統』 紀伊國屋書店 一〇頁

14）ローランド・レンソン 一九九三「ヨーロッパの伝統スポーツ」『21世紀の伝統スポーツ』（寒川恒夫監修 伝統スポーツ国際会議実行委員会編 大修館書店 一一五〜一三九頁

15）6度の現地調査の詳細は、以下の通りである。

①1995年7月〜8月
　於モンゴル国ウランバートルおよびスフバータル・アイマク、ウブル・ハンガイ・アイマクのホジルト周辺、イフ・ナーダム、スフバータル・アイマクのナーダム祭調査

②1996年2月
　於ウランバートルおよびトブ・アイマクのバルンハラ周辺、ツァガーン・サル（旧正月）の祭（競馬・相撲）、バルンハルのツァガーン・サルの祭

③1996年6月〜7月
　於ウランバートルおよびトブ・アイマクのエルテン・ソム、同じくナラハのイフ・ナーダム、エルテン・ソム・ナーダム、ナラハ・ナーダム調査

④1997年2月
　於ウランバートル、ツァガーン・サル（競馬・相撲）調査

⑤1997年7月
於ウランバートルおよびトブ・アイマク、イフ・ナーダム、トブ・アイマク・ナーダム祭調査
⑥1998年7月
於ウランバートル、イフ・ナーダム調査

16) 中見立夫 一九九五「モンゴル」『世界民族問題事典』（梅棹忠夫監修 平凡社）一一五九〜一一六〇頁

第三章　分析概念の定義

1　伝統スポーツ

『21世紀の伝統スポーツ』[1]では、伝統スポーツを「特定の民族文化（あるいは民俗文化）に直結する形態のスポーツ活動」[2]であり、それは、「競争的であり、肉体的であり、また遊戯や娯楽のような要素を持っているが、プロの形態は制限された形で持つかあるいは一切持たず、実践はより地域的であり、いわゆる近代スポーツよりもはるかに強く儀礼としての含みを持ち合わせている」[3]と定義している。

また、R・レンソン[4]によれば近代スポーツが広範かつ国際的に普及していて、高度に標準化された国際スポーツ種目であるのに対し、伝統スポーツは国際的に組織された近代スポーツが出現する以前にすでに存在したか、あるいはその時代の身体活動にルーツを持つスポーツであると定義している。

これらの定義によれば、伝統スポーツとは近代スポーツとの対概念として地域性、儀礼性を特徴とし近代スポーツよりもより古い起源を持つスポーツであると定義できるであろう。ただ、その「伝統」という語は、いかにも過去へのこだわりあるいは過去との連続性を強調するもので、「伝統スポーツ」が持つすぐれて現在的なダイナミズムを反映させるために「民族スポーツ」という語を用いるべきとの議論があることを寒川は述べている[5]。こうした議論がでてくる背景には、「伝統スポーツ」と「民族スポーツ」は互いに用語が指し示す意味内容が重なっていることが考えられる。寒川も二語は交換可能な概念であると述べている[6)]。結局のところ、「伝統スポーツ」もしくは「民族スポーツ」のどちらの用語を選択するかは未だ議論の余地があるところであろう。

そこで本論においては、ナーダム祭の相撲、競馬、弓射の三種の競技を「伝統スポーツ」と呼び考察することにする。本論において「民族スポーツ」という用語を用いず、「伝統スポーツ」という用語を選択した理由は以下のようなものである。ひとつには、現在において「伝統」が必ずしも過去との連続性を意味する語として用いられているわけではないということである。それはホブズボウムらの『創られた伝統』[7)]が発表されて以降、「伝統」と呼ばれる文化事象が国家や主催者などの意図のもと、比較的近代に入って創造されたものであることを実証する研究が蓄積されてきた。また、「民族」という用語自体も現在、何をもって「民族」とするかの議論があり、一部では「民族」を別の言葉[8)]に言い換える事例も現れてきている。「民族」という語は今日、配慮なしには用いられるべきではないと考えられる。今後、用語の選択にはさらに議論を続けるべきであると考えられるが、本論においては以上の理由により「伝統スポーツ」という用語を用いることとする。

しかし、ここで「スポーツ」という用語についても考察しておく必要があるであろう。スポーツの定義は、例えば『スポーツ大事典』によれば「広義には、楽しみや健康を求めて自発的に行われる運動をいい、狭義には、競争として行われる運動を意味する」[9)]と記され、広義と狭義の解釈が可能であることが述べられている。実際にスポーツとは、ロイの「いろいろな人々にとって異なった意味を持つ、きわめて多義的な概念である」[10]という定義を示すまでもなく、現在多義的に用いられている。本論においてはスポーツを広義に捉える概念として捉えることとする。それは、近代スポーツだけではなく、いわゆる「ニュー・スポーツ」と呼ばれるものや舞踊や武術、子どもなどの遊びなどをも含めた概念とするものである。特別の断りがない限り本論では「スポーツ」を以上のような概念で捉え考察することとする。

ただ、ここで研究対象地域における「スポーツ」という用語の扱われ方にも留意する必要があろう。宇佐美は、研究対象地域において「スポーツ」と呼んでいない事例に「スポーツ」という用語を当てはめることへの疑問から、「伝統スポーツ」という用語をあえて用いない方向性を示している[11]。こうした宇佐美の方針は、当該文化における言語の用いられ方に留意したものであるといえよう。本研究においても常にモンゴル国における言葉の解釈に忠実であることは肝要であると考えられる。

モンゴル国においては現在、ロシア語の「スポルト」という語がそのまま援用され用いられている。この語はいわゆる「近代スポーツ」を意味し、具体的にはサッカーやバレーボールなどの外来の競技種目について用いられる語である。一方、ナーダム祭で行われる相撲、競馬、弓射などには「ナーダハ（遊ぶ）」から派生した「ナーダム（遊び・競技）」が用いられる。すなわちモンゴルでは、「スポルト」と「ナーダム」は確固とした区別がなされているということである。

例えば社会主義時代のナーダム祭に関する政策には、そうした「ナーダム」と「スポルト（スポーツ）」の呼び分けが明確に区別されている。1950年初期からナーダム祭の三種の競技をバレーボールやバスケットボールと同列に配置し、多くの国民に普及しようとする「スポルト」政策（スポーツ化政策）と呼ばれるものが行われている。当時の政府はナーダム祭のオボー[12]を祀る部分を禁止し、「スポーツ大会」として開催することを通達している。ここで用いられる「スポルト（スポーツ）」という語は、ナーダム競技の儀礼性を排除し「近代化」を目指す政府の意図を反映する概念であると考えられる。すなわち「スポルト（スポーツ）」の範疇にこれまで儀礼性を含み持っていた相撲や競馬、弓射などの「遊び（ナーダム）」を組み込みことによって、社会主義制度を民衆レベルにまで浸透させようとしていたことになる。

これらモンゴル国で用いられる「スポルト（スポーツ）」の事例は、本論で取り上げる広義のスポーツ概念と意味が異なり、それを混合して用いると誤解を生む可能性がある。しかし、本論において広義の「スポーツ」という用語は、スポーツ科学やスポーツ史、スポーツ人類学の分野で広く認知されている語であり、また、それは本論にとって非常に重要な概念であるため「スポーツ」という用語を用いないわけにはいかない。よって、モンゴル国で現在用いられている「スポルト」——すなわちモンゴル国にとって外国産の近代スポーツ、または、「遊び」から儀礼性や宗教色を払拭することで成し遂げられる近代化された競技という意味——については〝スポーツ〟と記すことで、広義の「スポーツ」との意味の混乱をさけることとする。

2　伝統の創造

「伝統スポーツを効果的に保存し、振興する」という立場を表明したのは、1993年に行われた伝統スポーツ国際会議に出席したK・ブランチャードであった。こうしたブランチャードの発言は、伝統スポーツを「弱者」に据え、それに対して高みに立った立場が問われるべきであろう[13]。しかし、それ以前に問わなければならないのは、保存すべき「純化」された「伝統スポーツ」像が想定されているということだ。伝統スポーツを「複合化を拒否する純然たる媒体」とする前提が、そこにはあると考えられる。そのような「純化」された伝統スポーツという想定は、一方でそのように想定する側を「複合化されない揺るぎない主体」へ帰属させることになるのではないだろうか。この揺るぎない準拠への希求、それが「保存、振興すべき弱者」を生み出すのである。

そもそも伝統スポーツとは、不変であり、自己充足するような「純化」したものであるのだろうか。国民国家でさえ、そこに暮らす人々にとって所与のものでも固定されたものでもないのが、今日の世界情勢であろう。そうした現在、人々の移動は世界規模で行われている。よって現実の人々のくらしは常に「他」にさらされ、複合化をくりかえしているのである。そうした中、伝統スポーツも「他」にさらされ、「他」に開かれることとなるのは当然であろう。「伝統」とされる文化事象であってもそれは例外ではないだろう。

ある文化において「伝統」とされている事象でも、長い年月を経て受け継がれてきたとは限らないことを解き明かしたのは、ホブズボウムら[14]である。実はそれら「伝統」は、ごく最近になって人工的に創り出され、構築され、形式的に制度化されたものもあるという。そうした事例は、特に歴史学や文化人類学の間で興味をもって受け入れられ、その後大きな影響を与えた理論でもある。自らも歴史家であるホブズボウムは、「伝統の創出と見なされているものは、単に反復を課すことによってということかもしれないが、過去を参照することによって特徴づけられる形式化と儀礼化の過程のことである。そうした儀礼や象徴の複合体の実際の創造の過程を歴史家は充分に研究してこなかった」[15]と記述している。すなわち、「伝統」への問いは存続の可能性よりもむしろ、伝統の発現や確立の方に主眼をおいた研究がなされている現状にあるということであろう。そうした新しい「歴史学」が今日、問われていると考えてよいであろう。

こうした「伝統」への視点は、本論における「伝統スポーツ」の分野においても応用可能であると考えられる。寒川も、近代スポーツがいつも民族スポーツから生まれるわけではなく、民族スポーツが近代スポーツから生まれる場合もあることを述べている[16]。ここでいう民族スポーツは伝統スポーツと言い換えが可能であろう。であるならば、伝統スポーツは近代スポーツの過去に存在するものとして想定されたものではなく両者間は相互作用をしあって存在するといえるだろう。すなわち伝統スポーツは動態性を持ちうる概念であろう。本研究においても、伝統は必ずしも過去との連続性を示す意味ではなく、複合化可能な概念として規定することとする。その上で、現在のモンゴル国において、「伝統の創造」がいかに行われているかについて、明らかにしたいと考える。

3　身体の〈記憶性〉

「伝統」とされるものであっても人工的に作り出されたというものも少なくないことから、「伝統」を歴史との連続性で捉えるのではなく、むしろ創造の過程に注意を払うべきであるというホブズボウムの考え方を先述した。ピエール・ノラも伝統よりも伝統が創られたり衰退したりする仕方のほうに関心がある[17]と述べている。

その上でノラは、「歴史学は認識論の時代に突入した」と述べ、史料実証主義が陥っている認識論的隘路からの脱出を試みる立場をとっている。ここでノラの考える歴史学とは、「再生でもなければ復元でもなく、再建でもなければ表彰ですらない。それは言葉の能うかぎりの意味での『再記憶化』である。つまり、過去の想起としての記憶ではなく、現在のなかにある過去の総体的構造としての記憶に関心をよせる歴史学」であるとしている。

こうした〈記憶〉という概念に、港千尋[18]も関心をよせている。港は、〈記憶〉の概念は、「記録としての歴史」の代わりに、「想起としての歴史」を提案するものであると述べている。ここでも港は、新しい歴史学への提言をしているといってよいだろう。

こうした新しい歴史学への提言は、スポーツを研究対象とする学問分野に大きな影響を与えるものと考えられる。特にフィールドワークをその主な研究方法とする本論のような研究では、「記録」として成立している情報はほとんどないといっても過言ではない。しかし、フィールドからは「熱く」そして「深い」メッセージが発信されていることは確かである。そうしたメッセージは、近代の合理主義的理論から逸脱していると考えられ、既存の学問体系では記述が不可能であり、そのため排除、忘却されてきた傾向がある。しかしそれらは、スポーツを対象とする学問分野であれば、なおさら必要な事象であると考えられる。そうした意味で〈記憶〉はスポーツにとって新たな視野を開く概念であると考えられる。そうしたことは〈記憶〉が身体性に深く関わるということにおいてより立証されるであろう。

港千尋は〈記憶〉の創造的側面について以下のように述べている。すなわち、「人間の記憶は個々の事柄の痕跡が保存されてできているのではなく、現在との関係において常に生成しているものである。それは一度入力されれば消えないような静的イメージではなく、環境との物理的な関わりにおいてダイナミックに変化してゆくものである。この点で人間の記憶はコンピューターの記憶とは異なる」[19]ものであるという。したがって、「手の記憶」や「味や香りの記憶」がよく示しているように身体感覚は記憶が成立するための前提条件であるという。身体イメージは絶えず生成変化する記憶にとっての基本的な枠組みであるとも、港は述べている。

また、宮坂敬造は「『いま』、『ここで』、としての局所にいる人間の身体定位の基礎には、その場所の近傍をふくむより広い空間圏域の地図的な象徴化としての成立した空間像、仮想的空間像がある」とし、「地図をたどるようにして目的地へと動く人間の航行（ナヴィゲーション）能力の前提には、直接的身体感受と仮想的空間像とを身体経験記憶（メルロ・ポンティのいう潜勢的身体）の媒介によって虫瞰、鳥瞰連関される定位能力がある」[20]と述べている。

いずれにしても、身体は〈記憶〉の宿る「場」として捉えることができ、身体が経験することによって〈記憶〉が生成され、また、想起されるということであろう。こうした〈身体の記憶性〉はスポーツの経験の中においても想起されるのではないかというのが本論のスタンスである。そうしたスポーツを経験することによって、身体に宿る〈記憶〉は、また、スポーツを〈反復〉することによって〈記憶〉は更新されることになる。本論ではこうした「スポーツする身体」の〈記憶性〉に着目したいと考える。

また、本論でいう「スポーツする身体」とはいわゆる勝敗を決する動作のみを指し示しているのではない。例えば、モンゴル相撲では相撲の取り組みが行われる。これを「スポーツをする身体」と名づけるとするならば、その前に行われる「鷹の舞」やコスモロジーを体現する服装などを含めた身体を「スポーツする身体」と呼ぶ。すなわち競技そのものを行う身体だけでなく、その文化そのものをも担う身体を「スポーツする身体」と呼ぶことを、ここでは加えて定義しておきたい。

4　基層文化

本論で述べる「基層文化」とは、永年変化せず固定された文化的層を表しているのではない。前述したように本論では、ナーダム祭における文化、身体観、身体にまつわる思想は常に更新され複合化されるものであるという前提がある。しかし「基層文化」とは、ホブズボウムらが述べる「伝統の創造」で述べられるような、政府や国家などが意図的に更新するような文化ではなく、生活世界に根ざした個々の人々の〈記憶〉に基く文化であると定義できるだろう。すなわち政治的に意図された集団的なものというより、国民が意識的にもしくは無意識の過程において文化を選択し、想起しているのが基層にある文化として捉えられるであろう。そうした文化は、共同体レベルの要請により時代とともに劇的に変化する文化――ホブズボウムなどのいう「伝統の創造」がなされる文化層――と比較し表面化しにくいと考えられる。よって本論では、「基層」という言葉を用いて、そうした〈記憶〉に根ざす文化を表現することにした。

西谷修は、「存在の歴史に対して、やはり生きていないと話しにならない実存の『語り』とか『記憶』の次元というものがある」[21)]とし、「『記憶』というのは生きている人が担っていないといけないし、それが発現してコミュニケーションとなるのは、必ず生きている人同士が共にいて一回的に語られなければならない。その一回的に語られることが単独の時として反復されることで初めて継承が可能になる。だから『記憶』とか『実存』というレベルは永劫回帰的な反復と結びついている」[22)]と述べている。まさしく、本論でいう基層文化も生きている人が担う反復と結びつく故に継承される文化であるといえよう。それを本論のナーダム祭の文脈でいうならば、個々人の「身体性」に刻まれた〈記憶〉であるといえよう。ナーダム祭における個々人の身体の体験は、毎年〈記憶〉され、それが反復することによってナーダムの基層文化として継承されるはずだと筆者は考えている。そうした〈記憶〉によって継承されるような文化をここでは基層文化と定義したい。

註および引用・参考文献

1) 寒川恒夫編 一九九五 『21世紀の伝統スポーツ』 大修館書店
2) 前掲1) 六頁
3) 前掲1) 六頁
4) ローランド・レンソン 一九九三 「ヨーロッパの伝統スポーツ」『21世紀の伝統スポーツ』(寒川恒夫監修)伝統スポーツ国際会議実行委員会編 一一五～一三九頁
5) 前掲1)
6) 前掲1)
7) エイリック・ホブズボウム テレンス・レンジャー 前川啓治/梶原景昭他訳 一九九九 (一九九二)『創られた伝統』 紀伊國屋書店
8) 例えば少数民族を少数派集団など呼びかえている事例が最近みられるようになった。
9) 佐伯聰夫 一九九四 (一九八七) 「スポーツ」『最新スポーツ大事典』(日本体育協会) 五二一～五二四頁
10) J・W・ロイ, Jr. 一九八八 「スポーツの本性—概念規定への試み」『スポーツと文化・社会』(J・W・ロイ, Jr. 他編 粂野豊編訳) ベースボール・マガジン社 三八頁
11) 宇佐美隆憲 二〇〇二 『草相撲のスポーツ人類学—東アジアを事例とする動態的民族誌』 岩田書院

12) 土地の境界や峠などにある土地神を祀る塚。この塚に通りがかると、石を投げながら右回りに巡回してお参りする。モンゴル最古の宗教的伝統とされる。ナーダム祭も、もともとは、オーボーを祀る儀礼の一部であった。

13) 稲垣正浩も、「伝統スポーツの保存と振興」に対する姿勢に疑問を投げかけている。稲垣によれば、ブランチャードらの「文明先進国」に属する人々の発言は「上から下を見下ろす」視線があると指摘し、「伝統スポーツ」に対するスタンスは、多種多様であることを考慮した上で、「保存と振興」を議論すべきことを述べている。（稲垣正浩 二〇〇二 『スポーツ文化の〈現在〉を探る』 叢文社）

14) 前掲7)

15) 前掲7) 十三〜一四頁

16) 寒川恒夫 一九九二 「スポーツの民族性と普遍性」『スポーツという文化』（サントリー不易流行研究所編）

17) TBSブリタニカ

18) ピエール・ノラ 谷川稔監訳 二〇〇二 『記憶の場』 岩波書店

19) 港千尋 一九九六 『記憶』 講談社

20) 前掲18) 一六八頁

21) 宮坂敬造 一九九七 「言説と実践のはざまにあらわれる身体をめぐって—ジェンダー、ダンス、身体化に関わる儀礼の考察から—」、『儀礼とパフォーマンス』（青木保他編） 岩波書店 三〇四頁

22) 西谷修・鵜飼哲・港千尋 二〇〇一 『原理主義とは何か』 河出書房新社 第三刷 二〇五頁

前掲21) 二〇五〜二〇六頁

第四章　技名から読むモンゴル相撲の動きの認識について[1]

1　本章の目的と課題

モンゴル相撲に限ったことではなく、格闘技はその開始から勝負のつく瞬間まで不断の動きの中で行われることはいうまでもない。モンゴル相撲の場合、どちらかの力士が額、背中、膝、肘のいずれかが地面に着くまで動きは途切れることはない。その不断の動きの中で勝利に有利に働くとみなされる身体技法が「技」であり、それに名をつけたものが「技名」であるだろう。一端、技名が付与されると、動きが「ことば」によって認識され記憶される体系ができあがることになる。そのことばが個人間で、または時代を通じて伝達・伝承の手段ともなる。それは動きがことばによって反復できうる知識の体系となるということであるだろう。

しかし、こうした技名の名付けのプロセスにおいて、不断の動きのどの部分を名付けの対象として設定するのか――すなわち「技」と見なす動きをどう線引きするのか――は非常に恣意的であろう。例えば、どこからどこまでを「膝」と呼んでいるのか、色彩のなかでどの範囲を「赤」と名付けているのかなどが文化によって異なるのと同様である。また、技と見なす動きを抽出したとしても、今度はその動作の何に注目して言語化するのかというのが問題となり、そこに名付け側の意図が働くこととなる。例えば、日本語で大根は、その根の「大きさ」に着目し、名称に反映させている。一方、モンゴル語で大根は「шар《シャル》 лууван《ルーパン》(sir luubang／黄色い根菜)」または、「цагаан《ツァガーン》

лууван《ルーバン》(čaGan luubang／白い根菜)」と名づけられていて、その色に注目されていることが分かる。名付けの対象のどこに着目するのか、どこを特徴と見るのかそれによって語彙の選択がなされるのである。

こうしたことばが指示する「範疇」の地域差、並びに同じ対象に対する名付けの「視点」の地域差は言語学的な問題というより、その背景にある文化が大いに関係していると考えられる。すなわち、名付けには「内側の視点」が反映されるのである。

このような立場から「ことば」を分析し、文化による認識体系を明らかにする試みは、特に認識人類学の分野で行われている。いわゆるイーミックな立場といわれているもので個別文化に固有の概念を用いて知識の体系、行動の体系を明らかにしようというものである。例えば、山田孝子[2]はアイヌの植物名、動物名を分析することによって当該文化の世界観を明らかにした興味深い研究を行っている。また、モンゴル国においても鯉渕信一[3]がことばの分析を行っている。鯉渕はウマの毛色に関する名称に着目し、それがどのように認識され分類されているのかを考察し、モンゴルの人々のウマに対する鋭い観察力を浮きぼりにしている。さらに、一之瀬恵[4]はモンゴル国の出産に関することばに注目している。一之瀬は家畜の出産に関することばと人間の出産に関することばを比較研究し、家畜と人の文化的意味の差異を検討している。

これら先行研究はことばを分析することが文化の「内側の視点」を明らかにするひとつの方法であることを証明したと思われる。しかし、スポーツの動きに名づけられたことば（「技名」など）に注目し、そのスポーツの背景にある文化の視点に言及した研究は管見ながら見当たらない。

そこで本章では、モンゴル相撲の技名を読み解くことによって当該文化にある人が相撲の動きをどのように観察し、認識しているのかという「内側の視点」を明らかにすることを目的とする。そのために、①相撲の動きのどの範疇を「技」と認識しているのか②動きに対してどのようなことばを選択し、名付けに採用しているのかの2点を検証し、相撲の動きに対する認識体系の一端を考察することとする。

2　研究の方法

モンゴル相撲においては、日本の大相撲や柔道のように統括組織によって技名が規定され、動きに対して厳密に決定できるようなしくみをもたない。モンゴル相撲の技名はどの力士でも認識しているような基本形もあるが、細かい技になるとある程度の互換性があるものと考えられる。モンゴル国の力士（бөх《ブフ》／böke）によっては技数が400以上あると数えるものもいる。こうした技名の広がりは名付けのプロセスの特徴にも関係があるだろう。モンゴル相撲の技名は基本的に動詞の形である。その動詞が一語で技名とされているものもあるが、動詞が2つや3つ連続し、例えば「AしてからBする」や「AしながらCする」という形でひとつの技名となるものも多い。

したがって、基本的な技が様々に組み合わさり、幾通りも技名が存在する構成になり、数え方によっては無限に存在することになる。よって本章では最初の段階として基本的な技名に視点を絞りたいと考える。そこで、〝Барилдах《バリルダフ》 Ур《ウル》 (barildaq ura／相撲の技・技術)〟[5]という著書に紹介されている技に限定し、その名称を取り上げることにする。

この〝Барилдах Ур〟は、書名に題されているように相撲の技術に関して、その基本が詳細に記されている著書であり、力士の間においてもその価値が認められているものである。よって、この書が最初に分析対象とすべき基本的でしかも重要なものであると判断した。筆者は以前、この〝Барилдах Ур〟における技の種類と特徴を図解を交えて研究資料としてまとめたことがある[6]。本章ではこの研究資料に基きモンゴル相撲の技名を考察しようとするものである。

なお、〝Барилдах Ур〟には手技、足技、返し技、複合技という包括的概念が示され、その中に基本的な技が構成されている[7]。それを本章では基本的技と呼ぶことにする。また、その基本的技をもとに、さらに細分化された下位カテゴリーの技も体系づけられている。それを本章では応用技と呼ぶことにする。

また、相撲の動作に関する語彙は、辞書のみを用いた理解では不充分であり、実際の動きと対応させ解釈されるべきである。よって〝Барилдах Ур〟の日本語訳おいては力士の経験もあり日本語にもたんのうなD氏に実際に動作の確認をとりながら、より的確な日本語をあてられるよう留意した。また、実際の技の動きを確認するため国の「Начин《ナチン》 (način)」の称号を持つ力士・J氏と、地方の「Заан《ザーン》 (ǰaGan)」の称号を持つ力士・T氏による技の実技をビデオ撮影し、資料とした[8]。

以上を踏まえ技の体系を表にし後に付記した（二一二頁以下）。表中の図も筆者自身によるものである。また、分析の方法としては認識人類学の視点を採用した。例えば、個別名というものは認識上他と区別することを前提として命名されたもの、すなわち個別的認識の過程に基くものであるという前提がある。

例えば、それを本章の文脈で捉えなおせば「орох《オロホ》（oruqu）」技と「суйлах《ソイラホ》（suyilaqu）」技の区別となる。双方の技は相手と対峙し、足を取る技であるため、一見、見間違うような区別のつきにくい技である。しかしそれらに異なる個別名が付与されているということは、確固たる区別が存在していることを意味するのである。すなわち、異なる技名をもつということはそれらを区別する必要があると認識されていると解釈できる。この2つの技の違いは相手との距離にある。「орох」技は両力士が接近し、「суйлах」技は、両力士に距離があるときにかける技である。これらの技が区別されているということは、モンゴル相撲において力士間の距離を重要視しているということが分かるのである。

このように本章では、「個別名を持つ」ということが「他と区別されている、または区別する必要がある」という文脈に読みかえられるという視点に立つ。また、技名に採用されている語彙で、語義が明らかな名称は日常用いられる言語においても意味を持つものであると判断し、それらの技名は何らかの直喩的または隠喩的意味が含まれるものとして考察することとする。

3　技とみなされる動作の範疇

モンゴル語で相撲の「技」は、「мэх《メヘ》（meke）」と呼ばれる。

本章で取り上げた書〝Барилдах Ур〟も、「相撲の技術」という意味を指してはいるが、「Ур《ウル》」は、広義に技巧や技芸、熟練した技術などという意味にあたる。よって、「Ур」よりも狭義の相撲の「技」——勝利に対し有利に働く動作であり、日本語でいう一定の型に基く「決まり手」——には、あくまで「мэх」という語が用いられている。この「мэх」はもともと「うそ、奸策、トリック、ペテン」[9]という意味であり、日本語の「技」とはニュアンスの違いがあるからであろう。それは、「мэх」の派生語をみても分かる。「мэх をする人（мэхч《メヘチ》／mekeči）」は、「だます人・ペテン師」[10]となり、「мэхлэх《メヘレフ》（mekelequ）」と動詞になれば「欺く、だます、うそをつく」[11]となる。日本語の「技」が一定の型に基いた巧みな身体技法という意味があるとすれば、モンゴル語の「мэх」は相撲においてしかける「だまし」、「わな」、「不意をつく行為」のような意味と解釈できるだろう。

そうであるならば、モンゴルでは相手の重心を崩す、その「だまし」となる行為に技名は名づけられていることになるだろう。日本の相撲や柔道の技名は勝敗を決するその瞬間を捉え、最終的な主体の行為に「寄り切り」、「押し出し」、または「背負い投げ」などと技名をつけられるが、モンゴルでは必ずしもそうではない。

例えば、「орох《オロホ》」技は直訳すれば「入る」、「мурих《ムリフ》（muriqu）」技は「押す」という意味になる。実際には「相手の懐に入る」、または「相手をグッと押さえる」という動作を表している。しかし、これらの技で勝敗が決するということはなく、これは次の技に繋げるための動作であることが力士の間でも了承されている。すなわち、モンゴル相撲において決着をみる行為のみが「技《メヘ》」と呼ばれているわけではないのである。「技《メヘ》」は相手の不意をついて重心をずらし[12]自らが技をかける態勢にもっていくきっかけとなる動作をもその範疇に含めている。

　このようにモンゴル相撲の「技」がきっかけの動作を「技」の始点だと認識しているのだとすると、「技」の終わりはどこに設定されているのであろうか。モンゴル相撲の技には「返し技」とカテゴライズされた技もある。相手にしかけられた技を逆に利用して今度はこちらからしかける技を指している。例えば「мурьсан《ムルサン》 бөхийн《ブヒーン》 ард《アルド》 хоцроод《ホチルード》 өргөж《ウルグチ》 гулдрах《グルドゥラ》(muruGsan bökeyin arad qočuraGad ergüǰü guldura)」などがそれである。この技は相手がしかけてくる「мурих《ムリフ》」技（相手を不意に押さえつける技）が決まる前に相手の後ろにまわって、脇を抱えて高く上げて落とすという動作を表す。この技は対戦相手の「мурих」技に始まり、それをかわす動作を行った上に今度は逆に相手を抱える技にもっていくという、両力士の一連の動作を時系列に追いそのまま言語化したものである。

　また、最終的には相手がどのような形で負けるのかというところまで技に含めるようである。このように、技をかけられた側の動きもよく観察され、細かく呼び分けられているということである。「тойгдож《トイグドジ》 эргүүлэх《エリグーレフ》（toyiGdaju ergülrkü／トンゴドホ技〔膝蓋骨して〕回転させる）」や、

「өмсөж《オムスジ》 хөнтрөх《ホントロホ》（emüsjü köntürekü／オムスフ技〔服を着る〕をして引っ繰り返す）」などの技名をみればそれが理解できる。どの技も相手の背中が地面に着くことで勝負が決まるのは同じである。しかし技をかけられた側の体の回転の勢いに対してことばを使い分けている。「хөнтрөх《エリグーレフ》」は体が一回転するほど勢いよく地面に倒れるのに較べ、「әргүүлэх《ホントロホ》」は相手は仰向けになって地面に倒れることになる。技をかけられた側の動きも詳細に観察し、それを技名に反映させていることが分かるのである。

　では、モンゴル相撲の中で、連続性のある力士の動きのどの範囲を「技」と見なしているのだろうか。モンゴルでは日本の大相撲や柔道のように、勝負を決した行為のみを技と認識しているのではない。相手の重心をずらすという動作を始点としてどのような技に繋げていくのか、その結果どのように相手は地面に倒れるのかというところまでを「技」に含んでいる。一瞬の動作を捉えるのではなく、ある程度時間的に幅をもたせ、両力士の動作の流れを相撲の「技」として捉えていると考えられる。また、その視点は技をかけられる側の力士の動きにまでおよび地面に倒れる際の勢いまでも区別して表現している。

　こうした、時間的な幅をもたせた「技」概念の特徴は、モンゴル相撲にいわゆる「審判〔行司〕」がいないことと関係があるのではないだろうか。日本の大相撲や柔道のようにある程度制度化され、近代化された部分を採用すると勝負の決定は第三者に託されることになる。すると審判は何を根拠に勝敗を判定したのかという理由の提示が必要となるだろう。勝敗が決定した瞬間、どちら側の何の技によって勝敗が決定されたのか提示されなくてはならないのだ。よって技は勝敗が決定された瞬間の動作を「決まり手」として、言語化されることとなる。

しかし、モンゴル相撲の場合、原則的に勝敗は力士同士の裁量に任されている。試合後に新聞などでどのような技でどちらの力士が勝利したのかを記載することはある。しかし、勝敗を決したその瞬間に、その判定の根拠を言語によって示す必要には迫られていない。よって、モンゴル相撲における技《メヘ》の認識は勝敗の根拠として一瞬を切り取る性格のものではない。モンゴル相撲の技《メヘ》は、重心をずらした原因の動作からそれに繋がる動作を経緯して最終的な結果まで、一連の動きの言語化といえるであろう。それは相撲の技の応酬そのものを楽しむ視点が反映されているのではないかと考えられるのである。

4　技名に用いられる語彙

4-1　身体部位の詳密な描写

モンゴル相撲の技《メヘ》では、基本的技を「手技」、「足技」と分類していることを先に述べた。これはモンゴル相撲において、手と足が技をかける身体部位として非常に重要であることを示している。いわゆる「土俵」や競技時間が設定されていないモンゴル相撲は、そうした空間・時間的要因で競技が終了することはない。あくまでも相手が地面に着くまで相撲は続けられることになる。よって、

「押し出し」などという技は存在せず、相手を地面に着けさせるまでの「手」と「足」の動向に最も注意が払われ、技の包括的概念として認識されているのであろう。

そうした手や足が相手のどの部分を掴んだり蹴ったりするのかという視点が技名に反映されている。技名に身体部位が多く登場するのはモンゴル相撲も例外ではない。ただそこには、モンゴル独特の身体部位の捉え方がなされている例も数多い。例えば「тавхайдах《タウハイダハ》 (tabaqayidaqu／〝足の裏〟する)」技などがその例である。これは手で相手の「足の裏」を持って倒すという技である。この技に用いられている「тавхай」は日本語に直すと、「足の裏」ということになるが、日本語の「足」や「裏」は、別個の名詞であり、それを2つ連ねることによって身体部位を特定している。しかしモンゴルでは、「足の裏」そのものを指す1つの名詞が存在する。ということは、その語彙の重要度が高いということがいえるだろう。

例えば、モンゴル語で「морь《モリ》 (mori-n)」は去勢馬を表し、「гүү《グー》 (gegüü-n)」は雌馬を表している。「морь」や「гүү」に較べ、日本語の「去勢馬」や「雌馬」は一般名詞を連ね、説明的であり実用性に乏しい。これはウマに対する関心度を反映した結果であろう。「тавхай」と「足の裏」という語彙の差も同様のことがいえると考えられるのである。他にも「хонгодох《ホンゴドホ》 (qungGudaqu)」技が挙げられる。技をかける側

「хонгодох」技
相手の「ホンゴ」を取る

が「хонго《ホンゴ》（qungGu）」の部分をもち地面に着けさせるという技である。この技名に用いられている「хонго」は、日本語で説明するなら「大腿部の後ろ側の厚い肉の部分」[13]ということになる。

また、「ташаа《タシャー》 нийлэх《ニイレフ》 үед《ウェド》 өмсөж《ウムスジ》 холбилох《ホルビルフ》（tasiya neyileqe üyede emüsǰü qolbiluqu／互いの〝ташаа〟が近づくと〝өмсөх〟技を行い横に滑り落とす）」技には、「ташаа《タシャー》」という身体部位が登場する。「ташаа」は、日本語でいえば脇から骨盤周辺部分のことであり、これも「хонго」と同じく、現在の日本語では1語で表記することができない。しかし、これら「тавхай」や「хонго」は相撲において多用される語彙である。〝Барилдах Үр〟の本文の中でも技の動作説明に多く登場している。すなわち、この「ташаа」や「хонго」の部分は、他の身体部位と差異化してすでに認識されているということであり、相撲において重要とされる身体部位であるといえるだろう。

これらの事例からモンゴル独特の身体部位の表現があることがわかる。日本語では、大まかな呼び名しか存在しない部位に対しても、モンゴルではそれらを詳密に認識し他の部位と区別している。そうした文化独特の語彙を駆使し、相撲の動きを観察し、記憶しているのである。

4-2　骨格による身体部位の区別

モンゴル相撲の技名に登場する身体部位の名称は、他にも骨格の名称が多い。

「тойгдох」技
膝蓋骨（トイグ）を押さえる技

例えば、「тойгдох《トイグドホ》(toyiGdaqu)」技がそれである。これは、直訳すると「〝膝蓋骨〟する」となる。膝の前方を手で押さえ、相手を押し倒したり回転させたりする技である。ただここで、注目したいのは、あえて「тойг《トイグ》(toyiG／膝蓋骨)」という語彙を用いている点である。モンゴル語には膝を示す「өвдөг《オブドグ》(ebüdüg)」という名詞が存在する。この「өвдөг」は、「ひざまずく」や「ひざまで水につかる」などというときに用いる膝部分一帯を指す語である。その「өвдөг」という語を用いずに、「тойг」という語を採用したのは、次の技との差異化をはかるためであると考えられる。同じ、膝部分が技の重要な作用点となる「тахимаар《タヒマール》 гадуур《ガドゥール》 (дотуур《ドトゥール》) сэрэн《ソイラホ》(takimbar GadGur／dotuGur suyilaqu／膝の関節を外側から〈内側から〉取る)」という技がそれである。この「тахм《タヒム》(takim)」という語は、「膝の関節」という意味であり、実際には膝の裏側を取るという技である。さきほどの「тойгдох《トイグドホ》(toyiGdaqu)」技とこの技の違いは、膝の表を手で取るか裏を取るかにある。すなわち、2つの技を呼び分けるために膝の表と裏の身体部位を区別し技名に採用したのであろう。ただ、この2つの技を差異化させるために、関節や骨格の名称を採用しているところにモンゴル文化の独自性が感

「тахимаар дотуур суйлах」技
膝関節（タヒム）の裏を取っている

じ取れるのである。そうした例は他にも見うけられる。「харцагадах《ハルチャガダフ》(qarcaGadaqu／「腰椎骨」する)」技や、「сээрэн《セーレン》 дунгуй《ドゥングイ》(segeren dungGui／「脊椎」でころがす)」技がそれである。いずれも骨格の名を技名に登場させることによって、より詳密な身体部位を指示し他の技との差異を明確にする働きをしている。

もっとも、モンゴル文化において骨格の名称を多用することは、相撲の技だけでなく日常においても見受けられる。鯉渕[14]はモンゴル文化を骨や内臓が活躍する世界であると表現している。子どもはヒツジのくるぶしの骨をおしゃぶりやおもちゃにし、若者は脛骨で力較べをし、僧侶は肩甲骨で占いをする。骨は非常に身近なものであるのだ。また、日本語の「血統」にあたることばを、モンゴルでは「骨のつながり」と表現するという。さらに慣用句においても、日本語では「きも」や「はら」などと内臓を大まかに括ってしまうところを、具体的に「肝臓が和らぐ(ホッとする)」、「直腸を引きぬく(きつく叱る)」などと表現するという。こうした骨や内臓の具体的名称を日常において多く登場させ、重視する文化がモンゴル相撲の技名の背景にあるのであろう。技名ではないが力士が着用するチョッキ「зодог《ゾドグ》(joduG)」において、腹部で結ぶ紐のことを「肝臓[15]の紐」と呼ぶこともこの文化を如実に語っているだろう。

こうした身体部位の差異を骨格の名称で表現するということは、彼らの牧畜生活に根拠を認めることができるだろう。家畜の解体を日常的にこなし、骨や内臓に対し、鋭い観察力をもって知識を蓄積してきた結果といえる。骨や内臓の知識の有無は遊牧民にとってすなわち死活問題である。そうした日常の視点が技名にも反映されているということであろう16)。

4-3　日常の身体技法との共通語彙

モンゴル相撲の技には、独特の身体技法に則った命名法も存在する。例えば、「дүүгүүрдэх《ドゥーグールダフ》(düügürdekü／投石器で投げる)」や、「сээрэн《セーレン》 дунгуй《ドゥングイ》(segeren dungGui／脊椎でころがす)」などがそれにあたる。「дунгуй」は、投石器を意味することからも理解できるように、この技は相手の腰辺りを持ちぐるぐると体が地面と水平になるくらいまで回して放り投げるという技である。また、「дүгүүр」というのは、特に遊戯用の輪を指し子ども用の遊び道具にあたる。これらは道具や遊びに基く身体動作の経験を相撲の動作の認識にあてはめたものであろう。

また、「相手を持ち上げる」という動作を、モンゴルにおける日常の身体技法にしたがって細かく区分し呼び分けている。「ачих《アチフ》(ačiqu／積む・積荷する)」、「үүрэх《ウーレフ》(ügurqü／肩や背に乗せて運ぶ、担ぐ)」、「өмсөх《ウムスフ》(emüskü／服を着る)」などの動作がそれである。相手を持ち上げるという動きを「積む」、「担ぐ」、「(服を)着る」の語に区別しているのである。

実際に「ачих」では、相手を脇に抱える形で相手の足を少しだけ地面から離し地に倒すという動作である。こうした行為は、例えば日本の大相撲などの「吊り出し」技にみられ「吊る」と表現されるものであるかもしれない。モンゴルでは重い物を持ち上げ「積む」という日常動作がこの技と重なっているのであろう。また同様に「үүрэх」というのは、相手に背を向け腕をもって背中に

「өмсөх」技
「ウムスフ」とは、服を着るという意味

乗せるという、柔道でいう背負い投げのような技[17]である。重いものを担ぐときには、日本では肩に担ぐことも多いが、モンゴルでは、背中に乗せるという身体技法がこの技名に反映されている。

「өмсөх」技というのは、自分の片方の肩を下げて相手を肩の上に一旦乗せ、高く持ち上げて地面に倒す状態を指す。これは、モンゴルの民族服「дээл《デール》 (debel)」を羽織るときの動作に違いない。写真にも示したように、дээлは前開きの袖の長い上着である。それを着用するには、まず肩を下げ袖を通し、それからもう一方の肩を下げ片方の袖を通すという、肩から腕にかけての動作が必要であろう。それが「өмсөх」技の動作と重なるのである。

また、モンゴルの技名は牧畜作業にも大いに関係している。「тавхайдах《タウハイダハ》 (tabaqayidaqu／〝足の裏〟する)」技における、「тавхай」は、人間の「足の裏」を指示すると同時に、ラクダやクマなどの足をも指す語である。「тавхай」のもうひとつの意味は、ラクダの足の裏が割れる病気のこと

民族衣装「デール」を着た少女。「ウムスフ」技はこのデールを着ることが前提になっていると考えられる

をいうことからもそれが理解できる。すなわち人間と家畜の共通することばとして認識されているのである。

「тойгдох《トイグドホ》(toyiGdaqu／〝膝蓋骨〟する)」技の「тойг(膝蓋骨)」から派生した動詞「тойглох《トイグラハ》(toyiGlaqu)」ということばは、牧畜作業においてヒツジなどの家畜の膝を押さえつけて縛るという動作を意味する。よって、相撲における「тойгдох」技に対する視点も、こうしたヒツジなどに対しての牧畜作業と無関係だとは考えられない。

こうした家畜と共通した語彙の利用は、相撲の動きを家畜の動きや牧畜作業の技法などと重ね合わせる視点が存在するということではないだろうか。その事例として「тонгорох《トンゴロホ》(tongGuraqu)」技が挙げられるであろう。それは、「ひっくり返す」という意味であるが、特に「ウマなどが後ろ足を振り上げて、暴れた末にひっくり返る」[18]という状態を示すことばである。それを相撲の技に採用しているということは、モンゴルの人々がこの「тонгорох」技をかけられた力士の動きに、ウマが足を振り上げて暴れている様子を重ねて見ていると考えら

相撲における「тонгорох」技（上）
ウマに対する「тонгорох」技

れるのである。

　また、「дугтрах《ドゥグトラハ》（duGturiqu）」は重心が崩れるほど下の方へグッと引く力強い技である。これは、走っているウマを止めるときにも同様の技法を使うとされている。力士達への面接調査によれば、この技が成功すると「走るウマが前足の関節を曲げて止まるように、力士も膝から地面に崩れる」という説明がなされる。

　このような事例から、モンゴルの人々が相撲の動きと、遊びや労働、生業などに基く日常生活の動作をクロスさせ、言語化し、記憶しているということが分かるだろう。まさしく技名には、モンゴルの人々の生活世界そのものが息づいているのである。

相撲における「дугтрах」技。肩などを下にグッと押さえる（上）。走っているウマを止める身体技法「дугтрах」技。ウマは前足を曲げて止まる

5　まとめ

　相撲における不断の動きの中で、力士の特化すべき重要な動作に「技名」は付与されているものと思われる。そうであるならば、その技名がどの範囲の動作を指しているのかを考察することによ

って、モンゴルの人々が注目している力士の技法が浮かび上がる。モンゴルの技名は勝敗を決する一瞬の動作を捉えた名づけではない。両力士の技の応酬を時系列を追って言語化しているのが、モンゴルの技名の特徴である。すなわち、彼らは勝敗を決する一瞬の動作にのみ注目しているのではないということであろう。どのように相手の重心をずらし自分の優位な態勢にもっていくのか、その相手の状態から次はどのような技に繋げていくのか、その結果相手の力士はどのように地面に倒れてしまうのか――そうした両力士の一挙手一投足に目を凝らし、技の応酬に熱い視線を向けている。

一般に近代的なシステムを採用したスポーツにおいて、第三者が勝敗を決する場合が多いだろう。その際に、どちらの人物のどういった動作によって勝敗を判定したかという、根拠の提示が必要となる。それが格闘技の場合、勝敗を決した一瞬の動作を呼ぶ「技名」の成立理由のひとつであると考えられる。しかし、モンゴルでは勝敗は原則的に力士同士の裁量に任され、いわゆる審判が決するものではない。よって「技名」には勝敗の判定理由という役割は課せられない。ゆえに力士の技法の応酬を楽しむというモンゴルの人々の視点が、そのままの形で技名として言語化されることとなったのであろう。

また、その技名にはどのような語彙が採用されているのであろうか。それをみることによって、力士の動きに対するまなざしが明らかになるであろう。それらの技名にはモンゴル独特の詳密な身体部位の描写が行われ、骨格の名称も採用されていた。また、相撲の動きに対しても日常動作と共通する語彙が見うけられた。それは、子どもの遊びであったり文化独特の身体技法であったりする。また、家畜の動きや牧畜作業と共通の語彙を採用するなど遊牧民独特の世界観が表現されていた。それは、モンゴルにおける牧畜作業の経験が相撲の動作を見る際の背景として大きく影響しているということであろう。

本章では、モンゴル相撲の技名を読み解くことによって人々が相撲をどのように見ているかという「内側の視点」の一端を明らかにすることができた。力士の技巧の一挙手一投足を見逃さずそれを「技」とする。その技においては、力士の身体部位にも鋭い観察力を発揮し文化特有の語彙を使い分けることによって、力士の動きを確実に区別し認識している。また、遊牧文化独特の身体技法の経験を、力士の動作へ照射している。すなわち、モンゴル相撲の技名にはモンゴルの人々の相撲の技法に対する熱い視線と生き生きとした生活世界が息づいているのである。

註および引用・参考文献

1) 本章は、拙著「技名から読むモンゴル相撲の動きの認識についての研究」(二〇〇二『IPHIGENEIA』第三号 日本体育大学大学院体育科学研究科スポーツ文化・社会科学系紀要 五〜一八頁)に、加筆修正したものである。

2) 山田孝子 一九九四『アイヌの世界観―「ことば」から読む自然と宇宙』講談社 第八刷

3) 鯉渕信一 一九八七「モンゴル語における馬の個体識別語彙―主に毛色名を中心にして―」『アジア研

4) 究所紀要』一四 亜細亜大学アジア研究所 三三二〜三〇七頁
一ノ瀬恵 一九九九「モンゴルの人々と家畜の出産をめぐる認識体系の言語人類学的研究」『地球環境研究』四五 地球環境財団 二九〜三八頁
5) ГЭРДЭНЭ 1992 〃БАРИЛДАХ УР〃 Улаанбаатар
6) 井上邦子 二〇〇〇「モンゴル相撲の『技』の研究」『IPHIGENEIA』一 日本体育大学大学院体育科学研究科スポーツ文化・社会科学系紀要 九一〜一〇三頁
7) 詳しくは、前掲6)を参照いただきたい。
8) 1997年2月にウランバートルにおけるフィールドワークで、ビデオ撮影を行った。
9) 小沢重男編著 一九九四『現代モンゴル語辞典』大学書林 二七五頁
10) 前掲9)、二七五頁
11) 前掲9)、二七五頁
12) 「相手の重心をずらす」ことの重要性は、〃БАРИЛДАХ УР〃においても、たびたび説明されている。
13) 前掲9)、五三八頁
14) 鯉渕信一 一九九二『騎馬民族の心―モンゴルの草原から』日本放送出版
15) 鯉渕信一(前掲14)参照のこと)によると、内臓の中でも肝臓は特に、重要な臓器とされている。ということは、その紐が、ちょうど肝臓あたりで結ばれるという意味に加え、紐の重要性を示すことばであると考えられる。勝敗に敗れた力士は、その「肝臓の紐」を解く動作をする。その行為は、自ら負けを認め、それを受け入れるという意志の現れであるという。「肝臓の紐」に、力士の意志が宿っているともいえるであろう。
16) 家畜だけではなく、モンゴル医学において、13世紀頃から人間の解剖を行ってきたという長い歴史もある※。家畜の骨格と人間の骨格の異同を熟知し、それを相互の分野で応用していることが想像できる。よって、家畜の骨格に関する知識を、人間が行う相撲の分野に応用することも充分考えられるのである。

※（ソロングト・バ・ジグムド著、ジュルンガ・竹中良二訳、丸山博・小長谷有紀監修 一九九一『モンゴル医学史』、農山漁村文化協会）

17） この技は、もともとモンゴル相撲にはなく、柔道やサンボから応用した技であるとされている。柔道でいう「背負い投げ」が、「Үүрч《ウールチ》／цохих《チョチフ》」技になったのであろう。

18） 前掲9）、四二五頁
・合田濤 一九八二『現代の文化人類学一認識人類学』現代のエスプリ別冊 至文社
・和田祐一・崎山理編 一九八四『現代の人類学三言語人類学』現代のエスプリ別冊 至文社

第五章　力士の身体の象徴性と創造性[1]

1　本章の目的と課題

前章では、相撲の技名に注目し力士の動きをどのように〈記憶〉しているのかについて論じた。結果、人々は相撲の一連の動きについて生業や子どもの遊びなど、生活世界を照射した形で動きを〈記憶〉していたことを述べた。すなわち、前章では相撲の動きに対する「内側の視点」を抽出したものだといえるだろう。

しかし、「相撲する身体」はそれだけに留まらない。日本においてモンゴル相撲が紹介されるときに両手を広げ鳥のようにはばたく格好をする力士の写真が使われることが多く見られる。すなわち、こうした「はばたく動作」は「モンゴル相撲」そのものを表現するものとして印象的なのである。ナーダム祭の相撲は取り組みそのものの重要性もさることながら、こうした「モンゴル相撲」文化を支える身体の層にも注目するべきであろう。本研究では勝敗を決する取り組み以外の動作をも含めた身体——モンゴル相撲文化全体を支える身体——を「相撲する身体」として重要視した。

では、力士の技が生活世界を反映し〈記憶〉されているとするならば、「相撲する身体」にはどのようなイメージが〈記憶〉され、また想起されているのだろうか。それを明かにすることを本章の目的とする。

2　力士の身体性

2-1老力士が語る自らの身体

モンゴルでは、前述したように日本語でいう「相撲」というような競技そのものを示す言葉がない。時には「ブフ」と呼ばれることもあるが、これはもともと「力士」の意味である。よって、より精確に言えば相撲は「ウンディスニー・ブヒーン・バリルダーン（民族的な力士の取り組み合い）」ということになり、新聞の取り組み表などには単に「バリルダーン」とのみ記述されることが一般的である。この「バリルダーン」は「バリルダフ」という動詞から派生する語であるが、この動詞は「つかみ合う」とか「結合する」という一般動詞であり、相撲行為そのものを特に示すものではない。「相撲」そのものを指す語は存在せず「力士」という語が存在するという用語の有無によって、その重要度を単純に推し量ることはできないであろうが、モンゴルの相撲において力士に強い関心が向けられているということは言えるであろう。

もっとも現在のモンゴル国の力士は学校教育も受けているし、徴兵制度のもとで兵士としての訓練も受けている身体である。また力士はいわゆるプロ選手ではなく他の仕事をもっているので、牧畜作業はもちろんのこと、都市では工場や役所で労働する身体でもある。また、いわゆる「近代スポーツ」を好む若い力士も存在し、相撲の稽古にサッカーやバスケットを組み入れる者もいる。また、サンボや柔道を積極的に行う力士も多く、モンゴル相撲の技もそれらの競技からとり入れられたものもあるほどである。オリンピックの柔道や重量挙げに出場するモンゴル人選手は、大方がモンゴル相撲の力士を兼ねている。

こうした現在の力士の身体は、教育や労働、近代スポーツなどを経験している複雑な層をなしていることを確認した上で、ここでは特に60歳のある力士の身体に注目したい。

1996年、筆者はこのSという60歳の現役力士に特に詳しく面接調査を行った。S氏はアルスラン（獅子）という称号を持っており、モンゴル相撲の世界では名の知れたベテラン力士である。モンゴルでは一度手に入れた称号はそのまま終生格下げされることなくその力士に与えられる。また、60歳になっても現役で相撲をとる力士も珍しくない。

S氏は、ウランバートルから程近いトゥブ・アイマク、バヤンバラット・ソムの牧民の家に生まれている。色が白く小柄な少年であったため「ハヴ（子犬）」というあだ名をつけられていた。小さい頃から相撲は好きで草原でよくとっていたが、体が小さかったためさほど強くはなかったという。しかし、16歳の夏休みに学校の寮から故郷の家族のもとにもどり、家畜の世話の手伝いをしたお陰でみるみるからだがたくましくなったと彼は言う。特にウマやヒツジに水を飲ませるため、井戸から水を何度もくみ上げるうちに胸の力がついたという。このときに培った筋肉のお陰で、彼の相撲での得意技は「ダブハル・トンゴドホ」、「ソイラホ」、「トンゴロホ」の3種であるという。「ダブハル・トンゴドホ」という技は、「トンゴドホ」という技を二度続けて行うという意味であるが、「トンゴドホ」とは太ももの後部を手でとり、引き倒したり担ぎあげたりして倒す技のことである。「ソイラホ」とは、相手の膝や脛を手でとって体を押し倒したり、持ち上げたりして倒す技である。また、「トンゴロホ」は、相手の体重を自分の手や足、腰などの上に一旦のせ、相手を引っ繰り返す技となる。S氏は、今までの取り組みの中でほとんどこれらの技によって勝ってきた。

青年時代に急速に体格が出来あがってきたS氏は、17歳で初めて故郷のバヤンバラット・ソムのナーダムに出場し、準優勝まで勝ち残るという快挙を果たした。そのとき優勝した地元の英雄力士に「2年後にはもはや自分は、Sには勝てないだろう」と見こまれたという。そのことば通り、19歳の時にはかつての優勝力士に勝利し、見事優勝を果たすこととなった。23歳でイフ・ナーダムに初めて出場し7回戦を勝ちぬき、ザーンの称号を得ている。その後、25歳の時に優勝しアルスランの称号を得ることとなるのである。

現在においてもS氏は毎年ナーダム祭が近づくとウランバートル市郊外のトーラ川の川原で弟子たちとともに稽古を行う。ちょうど、休憩中に筆者が現れたのだが彼は言葉だけのあいさつをかわすのである。モンゴルでは、握手や肩を抱くような仕草での挨拶が一般的である。しかし、それをしようとしない。S氏が言うには、試合前に力士は女性に触れてはならないのだと言う。もちろん若手の力士は守らないものもいるが、それをS氏は頑なに守っている。さらに、試合前に

ナーダム祭前のけいこの様子
ウランバートル郊外のトーラ川のほとりで

乳製品を取らないこと、脂肪の多い肉は口にしないこと、大声で笑わないことなどの禁忌をS氏は受け入れ続けている。

また、S氏が言うのには、「モンゴルのデール（民族衣装）やゴタル（民族くつ）が、共産主義を経てもなお、現在まで伝承されているのは力士がこれを着用し続けたから」であるそうだ。特にウランバートルなどの都市では、旧正月でもないかぎりなかなか民族衣装を着る人を見かけないが、力士は民族衣装を好んで着る。また、マルガイと呼ばれる力士の帽子は、もともと兵士の被り物とされたもので民族と国家の歴史と威信が付与されたものであると認識されている。それは、力士が郷里の防衛という役割を担い、力人への期待がそこに表現されているという側面が示されている。チンギス・ハーンの時代には、優秀な力士は兵士として徴用されたとも言われている。

ただ、モンゴル力士の身体はそうした郷里や民族の防衛を担ってきたものの、当然ながら、近代兵器を伴い、近代的な「健康・衛生」観念に裏打ちされた兵士の合理的身体とは異なっている。それは、モンゴルの力士は郷里の土を身につけ相撲を行うことでも分かる。力士は、郷里の土地神の加護によって相撲の勝利が得られるという観念を持っているのである。

そうした事例は、トレーニングを積んだり、技を身につけたりすることのみが相撲の勝利に直接結びつくという思考の流れにはないということである。本論では、こういう力士の身体の層もあることに注目したい。それは、次項の例によってより明確になるであろう。

2-2　力士の身体を支える「デウェー」

ナーダムの相撲では、相手の額・肘・膝を地面に触れさせると勝負がつく。そのために、一説によれば400以上もあるといわれる技で競い合う。しかし、先述のS氏によると、相撲で勝敗を競う取り組みは、「相撲」の中での一部であり、これだけでは「バリルダーン（組み合い）」をしているだけだと言う。その「組み合い」の前には、「デウェー」などと呼ばれる一連の所作を行わなければ本来の相撲とは言えないという。この「デウェー」などの所作は、ナーダムの試合の時だけではなく、相撲の稽古のときにも必ず行われるのである。

まず、力士が試合場に入場するときには「гараа《ガラー》」とよばれる小走りをする。この「ガラー」は、もともと競馬の初速を表すことばで、それが「出番」という意味で使われる[2]。この「ガラー」は、民俗方位に基づいて行われている。これは、ゲルと同様の方位にもとづいて、ナーダム・スタジアムが設置されていることと関連する。よって、南東の方角、モンゴルの民俗方位で言えば「南」から「ガラー」することとなり力士はその方角を意識している。

次に、力士はモンゴル語で「はばたき」を意味する「дэвээ《デウェー》」という所作をする。手を大きく広げ、辺りを走りながら、もしくは立ち止まって羽ばたくような所作をする。開会式のときに設置された9本の幟の周りをデウェーしながら廻ったり、また、ザソールが力士を称える即興詩を吟じているときにも、ザソールの肩に片手をのせザソールの廻りをデウェーする。これは、力士の称号によってその所作が決められている。最高位の称号アブラガは手を大きくはばたかせるのに対し、アルスラン（獅子）・ザーン（象）・ナチン（ハヤブサ）などの称号を得た力士は、両手を大きく広げて歩くことはするが、羽ばたく動作はしない。これは「鷲のデウェー」と呼ばれている。称号の与えられていない力士の場合には、両手は下に下ろしたままで歩き、最後に足を広げると同時に手を一度広げる所作をする。これは、鳥が飛んできて着地するところを模したものとされ、「オオタカのデウェー」と呼ばれている。

最後に力士は、「шаваа《シャワー》」と呼ばれる所作をする。この「シャワー」という語は、そもそも、「ラクダが後ろ足を開いて、尾を振って体を打つ」という意味がある語である。少し腰を屈め、太ももの内側と外側を手のひらで打つのである。これを内・外・内と3度行うことが一般的である。しかし、対戦相手が自分より称号の高い力士であった場合、その力士が2度しか「シャワー」を行わないときには、後に続く力士も2度しか「シャワー」しないという。力士の世界では称号の高低により行動が制限されており、常に称号の高い力士に従うこととなる。こうした事例は、例えば食事のときにも同様である。称号の高い力士が手をつけない皿は他の力士も手をつけないこととなっている。

先にも述べたとおり、取り組みの勝敗は基本的には力士同士が決定する。よって、負けを認めた力士が自らのゾドグの紐を解き、相手の脇の下をくぐる動作をする。これにより勝敗が決定するこ

開会式の力士の入場。手を広げ、はばたくような仕草で入場する（ウランバートル・中央スタジアムにて）

となる。しかしこれも称号の高低がある場合、勝敗にかかわらず称号の低いものがくぐることとなる。

こうした一連の所作はけいこのときにも必ず行われるということに着目したい。けいこでは、技の取り組み方など実践的な練習をするが、その前後で必ず「デウェー」などの一連の所作を組み込んでいる。これらの所作をすることにより周囲の自然から力を授かり、そのお陰で相撲をとることができるのだと力士は説明する。またそうすることによって、自然を喜ばせることになると力士たちは述べる。

すなわち力士とは、自然から力を受け取ったり、また、自然そのものを喜ばせたりできるという、自然と人間の仲介をする身体であるとは言えないだろうか。S氏がデウェーをしながら力が満ちてくるのが実感でき、何とも言えず爽快な気分になってくるという言葉にもその一端が表れているだろう。

これらの所作は力士の「誇り」として、時代が変化しても保持しなければならないものだという意識があるという。たとえ、相撲に時間制限が行われようとも、「デウェー」などの所作だけは伝承されなければならないと力士達は述べる。このような「デウェー」の重要性は、力士の身体が自然と連続性のうえに成り立つことを示唆しているであろう。そうした超自然的な力を持ちうることが力士の存在意義ともいえる。また、そのような力士の身体がモンゴル相撲の根幹を支えているのである。

3　力士の身体イメージの喚起——〈記憶〉に呼びかける力士の身体——

デウェーは、鳥の羽ばたきをあらわす。その羽ばたきのイメージに共産主義崩壊後、新たなイメージがより強調されるようになった。これまでデウェーは、鷲や鷹という大型鳥だと説明されてきた。しかし、モンゴル国が新たな時代を迎えると、力士の最高位・アブラガのデウェーは復活をはたした仏教を背景とする想像上の鳥「ハンガルディのはばたき」と表現されるようになった。「ハンガルディ」とは、日本では「迦楼羅《かるら》」、東南アジアでは「ガルーダ」として知られる鳥神である。インド神話では「火・太陽を神格化したもので、竜を常食とし、鳳凰のように美しく、鳥王」[3]と説明され、鳥類の王ヴィジュヌの乗り物とされる神鳥である。金色の翼をもち、あたま、くちばし、翼、爪が鷲の形で、人間の身体をもつと伝承されている。

モンゴル国において、例えば英雄叙事詩にもハンガルディは多く登場する[4]。ハンガルディの羽根の超自然的な力で蘇生する英雄の話や、若者を救うため巨鳥を倒すハンガルディが伝承されている。また、英雄自身の俊敏な動作は「ハンガルディの羽ばたき」と形容されるのである。

また、このハンガルディはチベット仏教を背景としたヒーモリと呼ばれる祈祷旗に描かれることもある。ヒーモリはモンゴルの移動式住居（ゲル）やアパートの門戸の竿などに高く掲げられ、守護を担うとされている。

このようなハンガルディは仏教文化を背景にもつ象徴であるゆえ、仏教そのものが禁止されてきた社会主義体制下において、国民の目に触れることはほとんどなかった。しかし、1991年以降、アブラガのデウェーにそのイメージを重ねあわせるようになったのである。また、これに加え、アブラガのマルガイ（帽子）を装飾するメダルの図柄として登場している。このメダルは共産主義時代には、相撲・弓射・競馬の競技者を簡略化した図を描いたものであったが、新たにアブラガの帽子には「ハンガルディ」の図を施したメダルが採用されたのである。このメダルの採用は、「伝統」の復活というよりはむしろ新たな試みであり、神話上の鳥王を新たな形で定着させたといえよう。

先にも述べたように、力士は自然と連続性を持ちうる身体をもつ、特別な存在であるといえる。その自然から力を託され、その超越的な力によって相撲を勝ち進むアブラガともなれば、その身体が最高級の聖性を帯びるのも当然であろう。そのアブラガにだけ舞うことが許される両手をはばたかせるデウェーの所作が神話上の鳥神の姿に重ねられ、それをメダルに描くことによって力士の聖性イメージの定着化がなされたといえるだろう。

このような新たな動きは信仰が抑圧されていた時代の反動であり、この時期に一気に噴出した仏教信仰の復活と説明することもできるだろう。また、これをより広義に民主主義のシンボル化と言うこともできるかもしれない。

しかし、力士のデウェーがハンガルディのはばたきとして称されてはいるものの、ナーダムの相撲の場において力士は積極的にハンガルディの意味の担い手ではない。それは、力士がハンガルディやオオタカをイメージする「はばたき」の行為をする必要はあっても、ナーダムのコンテクストの中で「鳥を演じ」なければならない必要はないからである。力士はハンガルディのようであるという形容は成立するが、ハンガルディを意味付けられた力士の身体がナーダム祭の文脈において何か意味をなすものではないのである。

そうであるならば、アブラガのデウェーがハンガルディをイメージして表出したのは、仏教信仰の復活とだけでは説明が不充分であろう。むしろ、超自然的な存在であるアブラガのデウェーが人々の〈記憶〉――自然と連続性をもつ力士の聖性についての〈記憶〉――に揺さぶりをかけ、「ハンガルディ」という言説を喚起したと考えられるのではないだろうか。力士のデウェーという行為が――しかもそれを反復しつづける行為が――人々にとって説得力のある、また時代に合致した意味の提示を誘引したのではないかと考えられるのである。アブラガのデウェーがその地に生きる人たちに「あれはハンガルディのはばたきだ」と言わしめるのだ。力士の身体そのものが「伝統」を創出するのである。これは、ナショナリスティックな伝統の意味付けではない、身体が喚起させる生きている人々の〈記憶〉なのである。

「スポーツする身体」は社会情勢や時代の変化によって、国家から意図的に様々な意味が付与され、その意味を受け入れ体現しなければならない、いわば「入れ物」になることもある。チンギス・ハーンを象徴する幟に額をつけナーダムの勝利を祈る力士の身体、チンギス・ハーンの子孫の国を意味するボクトハーン山のコースを競走する競馬など、これらは国家の意図する「伝統」を刷りこまれる「スポーツする身体」かもしれない。しかし一方で、身体の側から新たな「伝統」の喚起を呼び起こさせる層が存在するとはいえないだろうか。それがまさしく「デウェー」のような命の息づく力士の身体の所作であろう。「スポーツする」身体は、ナショナリスティックな意味を受け入れるだけの器だけではない。「スポーツする身体」から、時代を生きる人々の〈記憶〉を喚起しえることもあるのである。

自然との対話から力を経て、それを相撲として表現する力士の身体は「ハンガルディ」という時代が許した言語の契機を経て、そのイメージをより豊かなものへと変化させたのであろう。山や川や大地などの自然から力をゆだねられるという特性をもった力士の身体性は、いわゆるモンゴルのシャーマニズム——力士達は「ボー」と呼んでいる——に通底するような〈記憶〉であるといえよう。

4　まとめ

身体が国民国家の「資源」として扱われ、それが直接戦争に動員される身体を作り上げるということが一方で起こりうる。またそれが、今日的問題として同じ軌跡上に臓器移植や脳死に関する論議が繰り広げられることとなる。そうした問題と近代スポーツのたどってきた合理主義、勝利至上主義の支配する世界とは決して無縁ではなく、むしろ深く結びついているのである。その行きつく先が、ドーピングの問題として浮上することになる。「スポーツする身体」が「資源」となり、ただの「入れ物」になってしまっているのである。

モンゴルにおける現代的なナーダムの変化のなかにも、「スポーツする身体」を国民国家を体現する、または象徴的価値の宿る物質的資源とする「表象としての身体」の存在も確認できた。そうした身体性のもとでは、ナーダムを国家統一に向け他国との差異を強調する「伝統」の復活を担うことにもなる。しかしそれには、また新たな対立を生んでしまうという困難が付きまとうことになってしまう。また、民主化を受けてある種「身体の解放」がなされたけれども、同時に観光化という目的のために身体は合理化を迫られもする。ここではあくまで身体は象徴的価値を担う器であるという一面を表している。

しかし、現実のスポーツ文化の身体は、文化を更新しつつそれを定着させる創造性を同時に合せ持っているのである。モンゴルの力士の身体は常にイメージの喚起力として人々の〈記憶〉に向け発信しつづける。しかもその身体は、力士のデウェーがハンガルディのはばたきのイメージを喚起したとしても、それは何らかの共同体に回収されるような意図的な意味の器ではない。ここでは力士の身体は「ハンガルディ」を意味する「入れ物」ではないのだ。力士の身体は聖性の象徴であるハンガルディを常に呼び起こすことができる生きた身体そのものなのである。その喚起された象徴は力士の身体とその聖性を媒介し結びつけるものなのである。力士の身体と人々の〈記憶〉というべき聖性の間に現れる関係性こそがモンゴル相撲の本質である。

このようなモンゴル相撲の力士の身体に現れるような「スポーツする身体」こそが、ともすれば国家に回収されるという現在の伝統スポーツの立場を新たな文脈へと導く可能性があるのではないかと考えられる。また同時に、「近代」スポーツにおいてもモンゴル力士の身体の喚起層に着目することは、「近代」スポーツがドーピング問題になだれこもうとしている道筋に、一つの疑問を提出できるものではないかと考えられるのである。

註および引用・参考文献

1) 本章は、『新世紀スポーツ文化論』Ⅱ〈稲垣正浩責任編集〉に掲載されている拙著「モンゴル力士の身体の象徴性と創造性―ナーダム祭の〈現在〉を事例に―」〈井上二〇〇〇b〉に加筆修正したものである。

2) 小沢重男 一九九四 『現代モンゴル語事典』 大学書林 一〇五頁

3) 古田紹欽編 一九八八 『仏教大事典』 小学館 第一版三刷

4) 原山煌 一九九五 『モンゴルの神話・伝説』 東方書店

第六章　「競馬ウマ」の聖性について[1)]

1　本章の目的と課題

モンゴル国が社会主義時代を通過し、1991年頃より市場経済を受け入れ始めると、ナーダム祭の「伝統」の語られ方や儀礼の様式が変容するようになった。競馬もその例外ではない。つまり、社会主義時代と市場経済が導入されはじめる1991年以降では、競馬にも明らかな変化が認められるのである。

すでに筆者は国民国家形成過程における競馬の変容の事例について論じたことがある[2)]。しかし、実際の競馬はこうした政治的側面からみた変容のみでは語りつくせないものが残る。とりわけ競馬に対する人々の心情には「国家の現状に左右される儀礼」という視点のみでは説明が不充分である。人々の暮らしのなかで伝承されてきた「生きた記憶」は比較的不易な要素を残していると考えられるのである。

もともとモンゴルの競馬は儀礼的要素の強いものであった。ナーダム祭はその起源を土地神を祀る「オボーの祭り」に求めることができ、競馬はそこで行われてきたといわれている。大林太良[3)]もまた、モンゴルの競馬と古代インドの供犠儀礼との関連を述べている。それによると、古代インドの馬供犠（アシュヴァメダ）の牧畜民文化要素が祭儀的競馬という形でアルタイ系諸族に保存されているという。また、ウノ・ハルヴァ[4)]もアルタイ系諸族のクミス（馬乳酒）の祭りではウマやヒツジの供犠が行われており、そこでは相撲・弓とならんで競馬が行われていた事例を紹介している。

このように、もともと儀礼の場で行われていたと考えられる競馬が、こんにちでは「国家のスポーツの祭典」の一競技として催されている。しかし、競馬が「国家のスポーツの祭典」となったとはいえ、競馬の儀礼性は全く払拭されたのではない。それどころか「競馬ウマ」[5]に寄せる人々の心性のなかにその原型が厳然として温存されているように思われる。例えば1991年に、ナーダム祭に優勝した「競馬ウマ」が交通事故で亡くなったときのことである。人々は事故を起こした運転手に厳重な処罰を求めて大規模なデモを起したのである。その一件からでも明らかなようにこんにちでもなお「競馬ウマ」は敬意をもって人々に受け入れられている存在なのである。さらには、亡くなった「競馬ウマ」が「オボー」と呼ばれる信仰の対象である塚に祀られることや、「競馬ウマ」の鞍などの道具をまたぐことをタブーとしていることからも明らかである。このように、モンゴル国の人々にとって「競馬ウマ」は信仰の対象ともいうべき神聖視される存在であるのだ。

一方で、聖別された動物の事例は世界の各地から数多く報告されている。しかし、その聖別の様相は動物が生きる文化の文脈によって様々な位相で多様に意味付けされているはずである。なぜなら、各々の文化によって世界観や聖性観念が異なると考えられるからである。例えば、ユダヤ＝キリスト教を背景とした「神・人・家畜」[6]のヒエラルヒーが確立された世界観と本章で取り上げるモンゴル国の世界観でも、その聖性の付与のされ方に違いが起こるのは当然のことである。また、その聖別された動物が家畜であるのか野生動物であるのか、もしくは家畜を野生動物として見なしたものであるのかなど、その動物に付与された役割によってもその聖性の位相が異なるであろう。そうであるならば、モンゴル国の「競馬ウマ」に対する聖性観念とは一体どのようなものであろうか。

そこで本章では、モンゴル国における「競馬ウマ」の聖性観念の特性を理解するために、①モンゴル国の「ウマ文化」とナーダム祭の競馬を明らかにし、②「競馬ウマ」の鑑定法や調教法を検討し、③「競馬ウマ」の聖性の位相について考察することとした。

2 競馬の背景となるウマ文化

モンゴル国において家畜というとウマ、ウシ、ヒツジ、ヤギ、ラクダの「五畜」を示す。1995年の調査ではモンゴル国の全家畜頭数は2860万頭とされているが、その中でウマは約9%を占めている[7)]。これら「五畜」は全国に分布するものの地勢、植生、市場との距離などにより、家畜の分布状況に特徴がみられる。ウマは主に草原が大きく広がるモンゴル国東部に比較的多く分布し、中心のヒツジ経営に合併させた形でウマは遊牧されている。

現在では、野生馬（モウコノウマ・Mongolian wild horses）は確認されておらず、飼育されているのは家畜馬の乾燥地適応型である蒙古馬（Native Mongolian horses）である。成体雄の平均体高は129．7cm、平均体長135．6cm、成体雌の平均体高127．2cm、平均体長133．9cmで、体重は360～380kgであるという[8)]。

モンゴル国のウマは、１頭の種牡馬と多数のメス畜、子畜と去勢畜とからなる群れで牧畜され表１のように呼び分けされている。群れは住居から遠方の牧地で放牧され、人間が定期的にそこに赴き管理されるだけである。生殖、出産、授乳・哺乳介助に際してもウマは他の家畜と比較すると人間の介入が非常に少ない、または全く行わない例といえる。いわば自然にまかせて放牧されており群れの中のウマは「再野生化」[9]している。

当該文化でのウマは肉、乳、皮などの供給源でもあるが、最も重要なのは乗用としての役割である。モンゴル国では去勢されたウマのみが乗用に用いられる。例外的にメスウマに乗られることはあっても、それをいわば「恥」として見る傾向にあるという。

去勢ウマを乗用とするためには、「再野生化」したウマ群から乗用に用いる去勢ウマを捕まえることから始める。一端群れから離されたウマは居留地に繋いで調教を行ってから乗用に用いられる。必要な頭数の去勢ウマを乗用として

<table>
<tr><td></td><td colspan="2">メス
<グー></td><td colspan="2">種牡馬
<アズラガ></td><td>去勢ウマ
<モリ>
<アクト></td></tr>
<tr><td>明け６歳以上</td><td colspan="2">（イヒナス）</td><td colspan="2">（イヒナス）</td><td>（イヒナス）</td></tr>
<tr><td>明け５歳</td><td colspan="2">（ソヨーロン）</td><td rowspan="3">（ウレ）</td><td>（ソヨーロン）</td><td>（ソヨーロン）</td></tr>
<tr><td>明け４歳</td><td rowspan="2">（バイダス）</td><td>（ヒャザーラン）</td><td>（ヒャザーラン）</td><td>（ヒャザーラン）</td></tr>
<tr><td>明け３歳</td><td>（シュドレン）</td><td>（シュドレン）</td><td>（シュドレン）</td></tr>
<tr><td>明け２歳
→ 去勢</td><td colspan="5">（ダーガ）</td></tr>
<tr><td>当歳</td><td colspan="5">（オナガ）</td></tr>
</table>

ウマ　総称；アドー　　　（　）年齢による呼びわけ

<　>性別・去勢の有無による呼びわけ

表1　モンゴル国のウマ畜　～年齢および性別による呼び分け～

調教し、ある一定期間利用すると群れにもどす。同時に別の去勢ウマを群れから離し、乗用に調教し用いるという形態をとる。また、長距離を移動する場合でも、自分の乗ってきたウマを担保とし他人のウマを借りて移動することが日常的に行われているという。すなわち、1頭のウマを乗用専用にするわけではなく、ウマの機動力を第一に考え乗りかえるという形をとることが日常的に行われているのである。それは、特定の去勢ウマを乗馬専用とすると、一部のウマを疲労させることとなりウマの機動力が保持できないからだという。ここにモンゴルのウマ利用の知恵があるのである。

このような日常で乗るウマと「競馬ウマ」の共通性は去勢されたウマであることである。それはモンゴル国で競馬を表す語が「モリ・オラルダハ(去勢ウマが競走する)」であることでも分かる。こうした去勢ウマの競走であることは、ヨーロッパ産の競馬がメスや種牡馬に出場機会を与えている[10)]ことなどを考えると、モンゴル国の競馬の大きな特徴であるといえる。

最も現在は去勢前の2歳馬や種牡馬のレースも行われている。しかし、去勢前のウマのレースは「競馬ウマ」として完成される前の調教の一環として考えられている。また、種牡馬レースはもともと行われることはなく、比較的新しいものであり駿馬の遺伝子を期待した市場への参入を視野に入れた競走であるといわれている。このことより、モンゴル国の競馬は去勢畜を中心とした競走とい

地面においた棒を、全速力で走る馬上から拾い上げる遊び。モンゴルのウマ文化のひとつ

えるだろう。

それは家畜群中の去勢畜の割合が非常に高いという、モンゴルの牧畜文化の特徴と関連すると考えられる。モンゴル国では20〜30％の割合で去勢畜が群れに維持されている。それは他地域と比較すればその特徴はより明らかになるであろう。例えば地中海地域の牧畜では、種オスまたはごく一部の去勢畜のみが群れに維持され、それ以外は子畜の時点で大量に屠殺されるという谷の報告[11)]がある。谷によれば1人の牧民が所有するヒツジの2群中、600頭あまりのメスに対して、種オスは10頭あまり存在し去勢された誘導オスは各群れに1頭ずつ、すなわち2頭しかいないことが報告されている。また、トルコ系遊牧民ユルックにおいても、成メスヤギと種オスヤギのみで群れが構成され、去勢オスを全く維持しない例が松原正毅[12)]によって報告されている。これらと比較すると、モンゴル国では非常に多くの割合で去勢畜が群れに維持されていることが分かる。

こうしたモンゴル国の牧畜形態を小長谷は「去勢畜文化」と呼び特徴づけている。こうした特徴が表れる理由として小長谷は、オス家畜の市場となる都市が高原内において展開されず、むしろ自給自足的な消費構造をもっているということ、また去勢畜を群れの中に維持できる植生に恵まれている自然環境を挙げている[13)]。

こうした去勢畜を多く維持するモンゴル国の「去勢畜

ウマとり棒（オールガ）を使い、棒馬遊びをする男の子

いる。その「去勢畜文化」を背景としてモンゴル国の競馬は成り立っていると考えられる。

文化」が、去勢畜を乗用とし、むしろそれ以外に乗ることを「恥」とさえ考える心情を生み出している。その「去勢畜文化」を背景としてモンゴル国の競馬は成り立っていると考えられる。

そうした去勢ウマは家畜の中でも特別視される存在である。モンゴル国の諺に「モンゴルの人は去勢ウマのたてがみの上で生まれ、去勢ウマの背の上で死ぬ」というのがある。これはモンゴル国の人々が、一生を通じて去勢ウマに親しんでいることを表していると同時に、そうありたいという願望をも表現しているのであろう。また「モリティ（去勢ウマがある、去勢ウマに乗っている）」と表現すると「幸運である」という意味となり、逆に「モリグイ（去勢ウマがいない、ウマに乗っていない）」といえば、「不幸」であるという意味を表す。こうした慣用句からも去勢ウマは家畜の中でも特別視され、人間の一生のサイクルと深く結びつき、その存在は人間の幸福さえも左右することが分かる。

それが駿馬であるとなおさらであることは想像に難くない。モンゴル国の伝統的な英雄叙事詩にも駿馬は頻繁に登場する[14]。英雄アマル＝ジャルガル＝ハーンの駿馬は、普通のウマがまる7ヶ月はかかるであろう道のりを、ひととびで駆け英雄を助けた。また、英雄エンへ＝ボロト＝ハーンの愛馬は俊敏な足の持ち主だけでなく、高貴な姿をして10ヶ国の言葉を理解するとされている。『元朝秘史』[15]においてもチンギス＝ハーンの側近が4頭の駿馬に例えられている。これらに登場するウマは、英雄の勇敢な活躍ぶりを助ける俊足の「乗り物」としてだけでなく、時にはその並外れた知恵と洞察力で英雄に助言し、危機を救う非常に重要な存在として描かれている。そこには、「乗り物」という役割を超え「仲間、友人」としての役割が与えられていることが分かる。こうした事例は、モンゴル国の「モリ（去勢ウマ）」に対する心情をよく表しているのである。

3　オヤチのわざ

3-1　鑑定法

賞賛の的となるオヤチのわざとは、具体的にはどのようなものであるのか。まずは駿馬の鑑定法を事例としてあげたい。以下で述べる事例は、ウランバートル郊外在住のN氏の面接調査によるものである。彼は調査時のナーダム祭に4頭のウマを出場させたオヤチである。N氏はドルノゴビ・アイマク出身で、現在ウランバートル市の郊外に在住している。調査当時（1997年7月14日）72歳の男性でオヤチの仕事を23年間しているという。以前は国営農場のジャルガルン牧場の牧場長で一般にプジェワイスキー馬と呼ばれる野生馬の「ホラン（хулан/qulan）」と「タヒ（тахь/taki）」という種を交配する業務に携わっていた。牧場勤務時代は家畜を所有しておらず、いわゆる牧民ではなかったもののウマについての知識はもっているという。オヤチの仕事は50歳から始めたが、こうした高齢から始めることはこの世界では非常にまれであるという。実の父親もオヤチであったが、毎年ナーダム祭に出場させていたわけではなく、ときどきアイマグ（県）やソム（村）主催のナーダム祭に出場させていた程度だった。しかし、その割には良い成績をあげていたと記憶している。オヤチの知識をすべて親から受け継いだわけでなく（本来はそうあるのが一般的であるが）、特に親しい

5人の友人のオヤチが餌の与え方、調教法を教えてくれたという。

一般的にオヤチの知識は親や親戚を師匠とし、幼い頃より実践をとおして伝承されるものである。その技術は本来秘儀とされ、公にすることを極端に嫌う傾向にある。なぜなら前述したように優秀な「競馬ウマ」を育成することは、オヤチとして社会的ステータスを得ることとなり、同時に経済的にも保証されるという社会背景があるためである。さらにオヤチの技術は、師匠の仕事を見て、自然と体得するものであり近代教育システムのなかでみられるようにその技術を言語化して伝達する方法をとらないのである。

しかしN氏は、経歴からも明らかなように、1人の師匠から実践をとおしてすべての技術を学んだのではない。従来の伝統的なオヤチのトレーニングを受けて一人前となった5人の友人から知識を得ている。つまり、本来師匠と弟子の間でのみ共有される知識がN氏の場合、複数のオヤチの知識を学ぶこととなった。さらに、50歳からオヤチとなったことから、学んだ技術の多くは実践と言語を交えての習得となり、そのため他の多くのオヤチには語ることのできないオヤチの技術の一般化が可能となったと考えられる。よってN氏は、本来言語化することが困難であるオヤチの技術

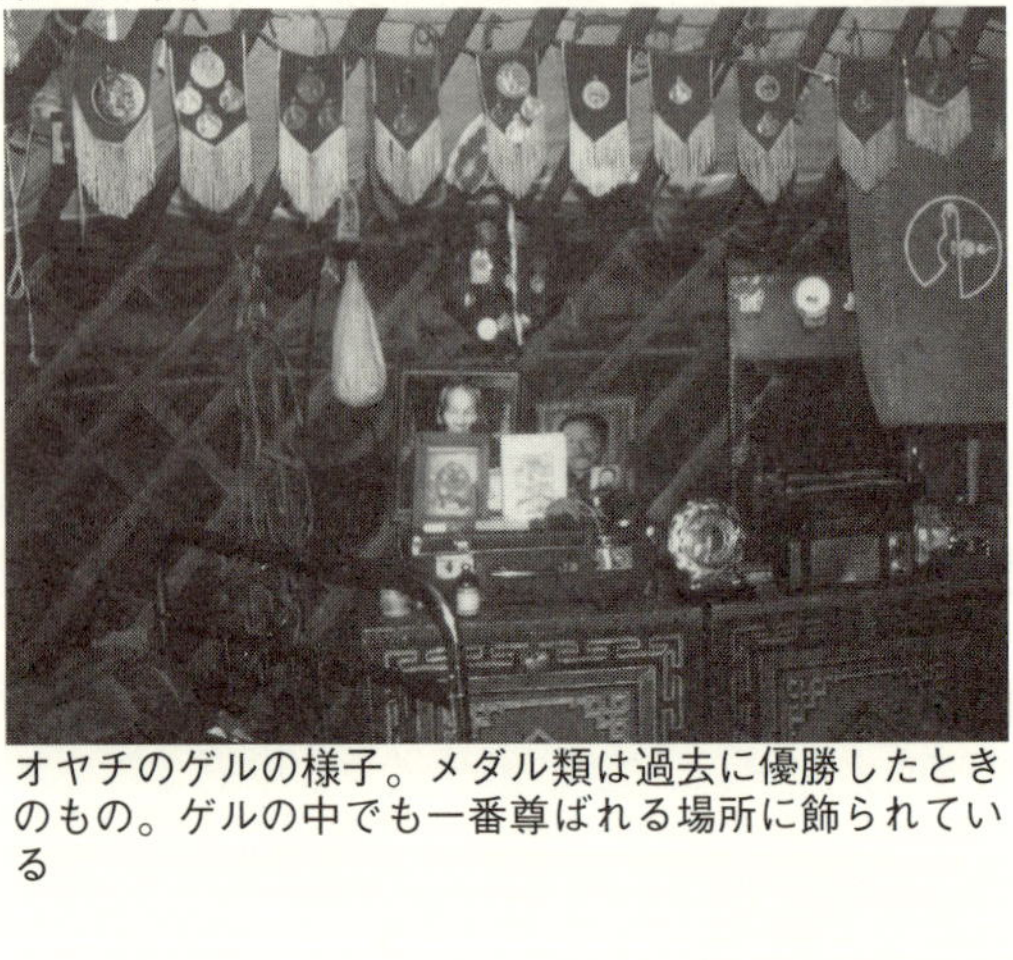

オヤチのゲルの様子。メダル類は過去に優勝したときのもの。ゲルの中でも一番尊ばれる場所に飾られている

を言語化して説明できるという、オヤチの技術を明らかにするうえで欠かすことのできない人物であるといえよう。

よって以上の理由によりN氏が語るオヤチのわざを事例として取り上げることとする。また、各事例において、オヤチの一人であるA氏やマンライ・オヤチ（1番のオヤチ）と呼ばれる称号を持つD氏における面接調査の結果も、N氏の事例と併せて記述し、より一般的なオヤチの技術の枠組みを提出できるよう努めた。また、同様の理由から調教法などを伝える文献やシンポジウムの発表なども参照した。

N氏の場合は「競馬ウマ」を購入することから始める。ナーダム祭に出場させるウマは良馬の産地とされているヘンティー・アイマグ[16]、ガルシャル・ソムから購入した。特に当地で生まれた種を産地の名を取りガルシャル・ウダム（удам/udum血統）と呼び、駿馬の血統といわれている。購入の際にはどの牧民が駿馬を持っているかの情報をあらかじめ収集しその血統を調査する。そして現地で実際にウマを見て、購入の意志を持ち主に伝え価格の折り合いがつけば購入する。購入先の牧戸は、ウマの売買を専門とするのではなく、あくまで一般の牧民である。今回の競馬に出場させたウマの金額は当時で1頭15万tg[17]であった。1度に5頭のウマを購入したが、同じ牧戸から購入しないことが大切であるという。それらの次世代が「血が濃く」なることを避けるためだという。オヤチのA氏もD氏も、それを「血が近づく」と表現し、それを避けることが良いウマを育てる条件であると述べている。これは、ウマにもインセスト・タブーに近い考え方が存在していることを表しており、人間と同様に親族体系が意識されていることを示している。

また、良いウマの条件としてD氏は30㎞の距離を40分で走ることができることを挙げている。以前は、1日300㎞走ることができるのが良いウマの条件だといわれてきたが、近年それが短くなってきており、以前のような良いウマを復活させるのもオヤチの役割だと認識しているという。そうしたウマの能力の低下は、社会主義体制下ですべてが労働組合のウマとなり、個人が「自分のウマ」という意識で目をかけなくなったからだとD氏は理由づけている。

また、N氏は購入の際には以下のような点で駿馬を鑑定したという。こうした特徴は「ウマの宝（モリン・エルデネ）」と呼ばれ、友人達や父親から口頭伝承されたという。

N氏によると①眼の上のくぼみ（オハルハイ）が深いこと、②鼻が野生鹿（ハンダガイ）のような形をして、鼻全体、そして穴も大きいこと、③目が大きいこと、④眉が太いこと、⑤唇が厚いこと、⑥耳が大きいこと、⑦アマン・フズー（頭部と胴体を繋ぐ最初の頚骨）の幅が広いこと、⑧骨盤が広く、高いこと、⑨肋骨が太くて丸くて大きいこと、⑩尾の骨が長く、尾自体が太いこと、⑪臀部が高い（上に突き出している）こと、⑫背筋が弓のような形をしていること、⑬足がまっすぐで後ろ足の間が広いこと、⑭足が太くてがっしりしていること、⑮アキレス腱と骨が離れていること、⑯肛門が奥深いこと、などであるという。

また、内モンゴル中部のウジュムチン草原の調査を行った楊海英[18]は、外観の特徴だけでなく、ウマの行動を観察することによって内臓などの良し悪しを判断し、駿馬を見分ける方法を紹介している。すぐに寝て目覚めが良く、眼光が鋭いウマは心臓が大きいという。呼吸が安定し、普段は風が吹いてくる方向に斜めに立って草を食べることの多いウマは肺のしわが多いので良いとされる。また節度のある食事をとり、糞塊が硬いウマは大腸が分厚いという。排尿回数が少ないうえ、前肢まで尿を飛ばすほど力強く小便をするウマは生殖器が太く、肝臓が健全であるという。また、乗り終わって鞍をとると、自分で寝転がったり地面に背中をこすったりするウマは、自らの疲労調整ができる賢いウマとされているという。

このような口伝で伝承されるものは、気候や植生など地域の特性も加味され、また、オヤチごとの秘伝も含まれることから、共通項はあるものの非常に幅広いレパートリーをもっている。一方、〝Морины Шинжийн Судар（ウマの鑑定の経典）〟[19]と総称される書物類には、一般的なオヤチの知識が記述されている。それによると、駿馬の見分け方は非常に体系的に示されている。例えば〝Монголын Хурдан Морины Тухай（モンゴルの駿馬について）〟[20]によれば、13の大きいもの、9つの長いもの、6つの太いもの、6つの細いもの、9つの広いもの、5つの短いもの、3つの高いものが、ウマの身体の特徴に必要であると述べられている。具体的には、①13の大きいもの：額、下あご、眉、すべての骨格、顔、腹、乳房の肉、筋肉、胸、4つのひずめ、②9の長いもの：4つの脛、背中、鼻、あご、舌、耳、③6つの太いもの：2つの耳の根元、頭の型、足の付け根、尾の付け根、陰のう、④6つの細いもの：首が細い楕円形であること、鼻が細く平らであること、2つの耳の軟骨が細いこと、2つの耳の先端が尖っていること、⑤9つの広いもの：4

つのひずめ、鼻の穴、2つの耳のくぼみ、胸から股にかけてのわかれめ、⑥5つの短いもの：尾、肩、くるぶし、額の毛、⑦3つの高いもの：額（頭骨の天辺）、肩骨間の隆起、臀部と記述されている。

また、1995年に開催された「シルクロード・奈良国際シンポジウム[21]」におけるブリンバトの発表によると、身体的特徴による鑑定のほかに「五臓の鑑定」や「声による鑑定」も伝承されているという。ブリンバトは五臓の鑑定として以下のように5例を挙げている。①目が赤ければ心臓が大きく、他のウマを恐れることはない。目が赤くなければ、心臓が小さく引っ込み思案である。②鼻の頭の両脇が丸く大きければ、肺が小さいので良い。逆に鼻が小さければ肺が大きいので長距離を走らせることには向かない。③耳が薄く硬ければ、腎臓が小さいので良い。耳が分厚いのであれば、腎臓が大きいので、長距離には向かない。④舌が薄くて白色であれば肝臓が小さいので良い。舌が厚くて赤色であれば肝臓が大きく、それが振動して心臓を圧迫するので走ることができない。⑤歯茎が引き締まっていれば、脾臓が小さいので良い。歯茎がむくめば脾臓が大きいので良くない──という。

これらは、前述のウマの身体的特徴で良し悪しを鑑定する方法と重なるが、五臓の鑑定は身体の特徴から直接、内臓の大小を見分け、それによって競走に向くウマであるのかを鑑定する方法であるのだろう。「声の鑑定」では、ウマの声で最も良いとされるものは、ひばりの鳴くような声であり、次がはげたかの声、最も良くないとされているものは、豚のような低い声であるとされている。

こうした駿馬を見分ける方法はウマの特質に応じた形で家畜を利用してきたモンゴル国の牧畜民としての経験知の集積である。他にも、ガンガン・モリ（おしゃれなウマ・祝い事があるときに乗る）、サイン・モリ（良い馬・乗りやすい馬）、ジョロー・モリ（側対歩のウマ・長距離には向かないが乗り心地良く、格好良いウマ）、オールガチ・モリ（放牧中の馬群から、ウマを捕まえるときに乗るウマ、性格が従順）など、場面や用途に応じてウマを乗り分けるために、すべての去勢ウマに対して鑑定は行われている。それは、ウマの特質に応じた利用を目的とし、ウマの完全利用を可能にする牧畜技術の一端である。それらを背景として「競馬ウマ」を鑑定する特別な技術をオヤチが担っているといってよいであろう。

3-2　調教法

オヤチに、「モリン・エルデネ（ウマの宝）」と呼ばれる天性を見抜かれたウマは、専門的な技術によってよりその能力を磨かれることとなる。「競馬ウマ」として選別されたウマは、競馬の直前になるまで他の家畜と同じ群れの中で飼育される。ただ基本的に一般の乗用には用いず、時々人を乗せる場合もあるという程度である。前述のN氏の場合、秋になると（川の水が凍ることを目安にしている）「競馬ウマ」を群れから離し、一旦居留地に繋留し体の様子を観察する。脂肪の付き方と筋力の均整が取れていれば再び群れに戻し自由に放牧する。しかし脂肪が付きすぎているウマは、しばらく繋留し食餌制限を行い、多少のからだの絞込みをする。ナーダム祭レース前のウマの状態と比較すると、秋は太らせることが大切であるが脂肪の付きすぎは警戒すべきであるという。そうして体の均整が整えられてから「競馬ウマ」は、再び群れに戻されるのである。

こうして「競馬ウマ」が1年の大半を群れの中で他のウマとともに過ごすことは「ウマにとっての自然」であると了解されている。すなわち、「競馬ウマ」の力を保持するために群れでの飼育は不可欠であり、より健康になると考えられている。そうして、夏期になりレース前の調教に入ると「競馬ウマ」を群れから捕獲するのである。

前述のN氏の場合、アズラガ（種牡馬）とイヒナス（6歳以上）ならレースの22日前に捕獲する。それより若いウマは、18～19日前に捕獲するという。

〝Монголын хурдан морины тухай〟[22]によれば、アズラガは30日間、イヒナスは35日間、ソヨーロン[23]は30日間、ヒャザーラン[24]は25日間、シュドレン[25]は20日間、ダーガ[26]は15日間繋いで食餌制限をすると記している。

「再野生化」し放牧されているウマ群は、種牡馬でなくとも去勢ウマでさえ非常に荒々しく全く人を寄せつけない。それを乗用にしようとすると、オールガと呼ばれるウマ捕り竿をもった人物が去勢ウマを確保することからはじめる。そのウマを確保するという行為は非常に困難で、その技術にすぐれた人物を「オールガチ（オールガの人）」と敬意をこめて呼ぶほどである。ウマ捕り名人である「オールガチ」は親戚近所などにその仕事を頼まれ引き受けることも多い。それほど、特別な技量を要する大変な仕事である。そのウマに轡をはめるとなれば一種の格闘となる。屈強な男性がまず、頭部の耳の部分をつかみ、その後、足を捕まえ、ウマに引きずられながらも地面に押さえつける。これをモンゴル語では、「ホルドジ・トンゴロホ」と呼ぶが、この行為はモンゴル相撲の技にも用いられている動詞である。すなわち、非常に力を必要とする大仕事であり、特殊な身体技法であるといえるだろう。こうして、「再野生化」した去勢ウマに対し、轡をはめ、居住地のウマ繋ぎ場に繋ぐ。これで、放牧されている去勢ウマから「競馬ウマ」となり、ようやく人間のコントロールがかろうじて及ぶ存在となるのである。

オールガで捕らえられた「競馬ウマ」は、居留地の前に繋留し食餌制限をする。口に覆いをかけ、自由に草を食べさせないようにし、これまで放牧により疲れた筋肉を充分に休ませる。腹部が太ったウマには、口に覆いをかけるのに加え、胴に毛布を巻きつけ汗をかかせ体を絞り込む。

しかしこれにも例外はあり、N氏の所有するソヨーロン（5歳馬）の場合、「気が軽い（小さい）」ので近くで物音をするとそちらに気が向いて草を食べることに集中しなくなる。また、太陽の日差しにも弱く涼しい場所を好むので、居留地の前の柱に繋ぐのは得策ではない。ゆえに、本来なら居留地に繋いで管理するべきところをナーダム祭前でもできるだけ他のウマとともに放牧し、自由に草を食べさせる方法をとっているという。

夜間には約6時間ほど口の覆いを外し、植生の貧しい牧地で食餌をとらせる。そのときに、腹部が絞り込めていないウマは夜間も口の覆いを外さない。そうした管理をするために、夜間はオヤチが「競馬ウマ」の傍らで眠り、付ききりで世話をすることとなる。

10日くらい前になると騎手を務める子どもがウマに近づく。騎手はオヤチの実子や親戚筋の子どもが努めることが一般的である。その騎手の子どもは、まず、チベット仏教を背景とした経文「ギンゴー」を聞かせながらウマを繋いだまま柱の周辺をゆっくりと歩かせる。その折にかいた汗は1年中の「悪いもの」が一緒に流れ出すと考えられているのでホソール（хусуур／qusuGur）という道具でよく汗をこそげ落とすことが重要であると考えられている。ウマはギンゴーを聞くとナーダム祭が近づいたことを悟るといわれている。

それから徐々に2から4㎞ほどを1日に1度走らせるようにする。肥満気味のウマなら、午後1時から2時ごろの1番暑い時間帯に、痩せたウマなら朝の涼しい時間に走らせる。そしてナーダム祭までにしだいに距離を伸ばし調整する。

調整が仕上がると、いよいよナーダム会場まで移動することとなる。オヤチは数頭の側対歩のウマを乗り継ぎながら、手で「競馬ウマ」を引いて、「競馬ウマ」を疲れさせないように調整しながら移動するのである。その折、側対歩のウマに乗る理由は、まず乗り心地が良く、長時間乗っていても疲れないからである。また、側対歩のウマに乗ることはおしゃれでスマートなことで、いわば「よそ行き」の乗り物であり、ダンディズムの象徴であるのである。ウランバートルから遠距離に居住するオヤチは半月から1ヵ月前に移動を始め、途中で調教をしながらナーダム会場に向うことになる。

ナーダム会場に着くと競馬会場近くの宿営地に仮設テントを張り、ウマを調節しながらナーダム祭終了まで過ごすことになる。この宿営地には各地から集まったオヤチがテントを張っており、オヤチと「競馬ウマ」で形成された大きな集落が出来あがる。そこではストーブを持ちこみ、自炊をしながらの長期戦であり、遊牧民の暮らしぶりそのものの光景が広がるのである。

ちなみに、1997年のナーダム祭においてN氏のソヨーロンは、約400頭中23位、ヒャザーランは約380頭中40位、ダーガは約400頭中50位、シュドレンは約300頭中47位の好成績であった。このように「競馬ウマ」の調教はウマの性格や体質に応じてオヤチが付ききりで世話をすることが分かる。モンゴル国の一般的なウマ畜がほとんど人の介入がないことと比較すると、「競馬ウマ」は非常に積極的に人が関わっている例とみてよいであろう。

4 「競馬ウマ」の聖性の位相

4-1 「繋ぐ」ことの持つ象徴的意味

「競馬ウマ」を調教するオヤチは、モンゴル語で「繋ぐ人」を意味する。具体的にはウマを群れから一時的に離し、住居の前の馬繋ぎ場に繋ぎ、調教する行為を示している。

ウマを居留地に繋ぐということした行為は、オヤチだけでなく、あらゆる牧民が一般に乗用するウマの訓練についても行うものである。しかし、それにも関わらず、モンゴル語で「ウマを繋ぐ＝モリ・オヤハ（морь уях/mori uyaq）」という言葉は、単にウマを繋ぐという直接的な行為を意味するだけでなく、「『競馬ウマ』を調教する」という限定された意味をも表す。ゆえに、「繋ぐ人（уяачин /uyaGčin）」が「競馬ウマ」を調教する専門の牧民を指す語となるのである。「ウマを繋留する」という一般的行為が、「競馬ウマ」の調教という特殊な意味に限定されるということは、「繋ぐ」ことが「競馬ウマ」の調教において、重要かつ象徴的行為であるということを示すと考えられるのである。

「競馬ウマ」の調教は、「繋ぐ」ことで始まるといえるだろう。すなわち、自然界の生き物であった「再野生化」したウマを人間の住む空間に移行させる行為が調教の最低限の条件だからである。こうして、空間を移行することにより、ウマは自然界から人間界に半ば属することになり、それを経てウマはオヤチと個体レヴェルで身体接触を可能にするのである。人を寄せつけさえしなかった馬が轡をはめ、繋がれるという第一段階を経て人を乗せることを受け入れ、尾の毛や頭の毛を結ぶことを許すまでに到る。また、ホソールという道具で汗を拭うことやブラシ（сойз/soyija）をかけるなどの親密な身体接触を受け入れることとなる。すなわち、繋ぐことを契機にオヤチとの関係を形成し、それによって能力が引き出され、去勢ウマは「競馬ウマ」となりナーダム祭の主役の一員となるのである。

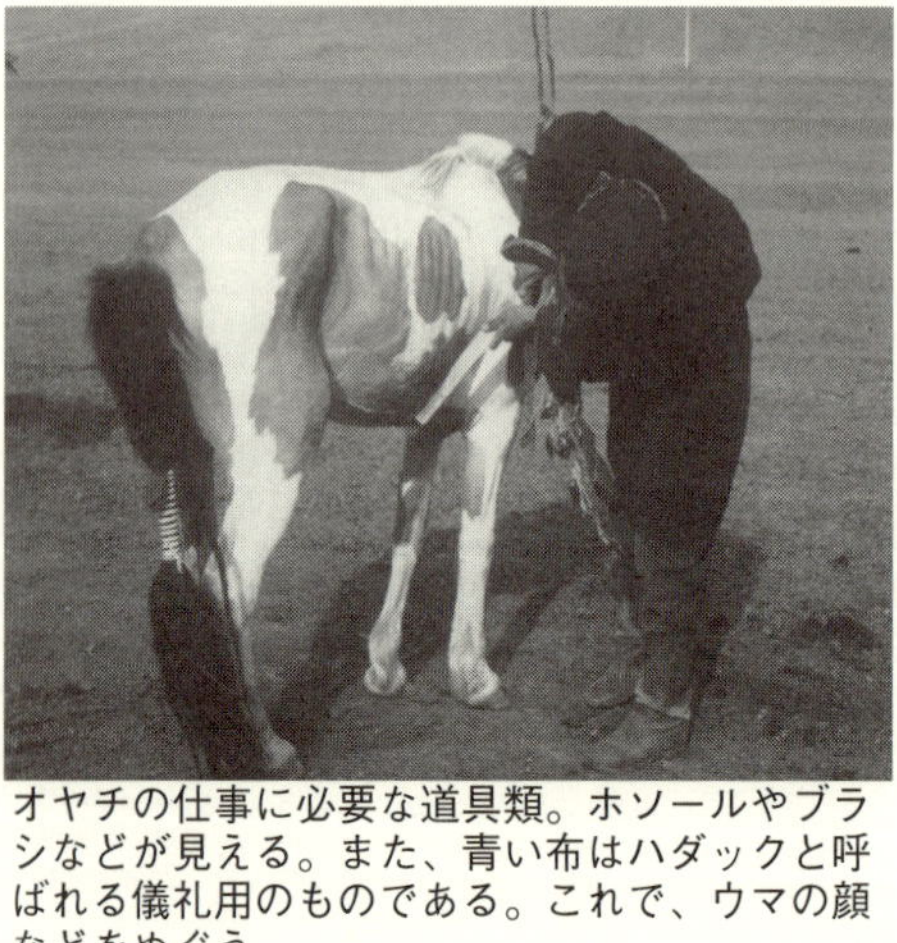

オヤチの仕事に必要な道具類。ホソールやブラシなどが見える。また、青い布はハダックと呼ばれる儀礼用のものである。これで、ウマの顔などをぬぐう

また、繋ぐことは空間の移行を示すだけではなく、その時期も限定する意味を持つ。「競馬ウマ」は1年のサイクルにおいてその大半を自然界で放牧されている。しかし、繋がれている期間のみ「競馬ウマ」としての役割を果たすことになるからだ。

すなわち、「再野生化」したウマは「繋ぐ」行為を契機として、空間的にも時間的にもオヤチと暮らしを共にする。「繋ぐ」という行為はウマ畜が「競馬ウマ」になる空間と期間を象徴しているといえるのである。

こうした「繋ぐ」ことに象徴される「競馬ウマ」の調教法は、モンゴルの人々がナーダム祭を中心とした1年のサイクルを意識したうえで、自然界と人間界の存在を認めることで成り立っているといえよう。その自然界と人間界を必要に応じてウマを行き来させることによって「競馬ウマ」は育成される。ウマを恒常的に人間の支配下に置くことのないこうしたやり方には、人間と自然の共存をはかるための思想が反映されていると考えられる。こうした思想が「競馬ウマ」育成の文化的背景なのである。

ウマの尾の毛を編むオヤチ

4-2　神聖視される「競馬ウマ」

ウマが本来住むべき自然界を認め、人間界との共存をはかるという世界観は競馬競技の様式にも反映されている。すなわちウマを主体に据えた競走であり、人間はその一部を手助けをするという考え方が、モンゴルの競馬の基盤にあると考えられる。モンゴル国の競馬は、前述したが、もともと鐙や鞍を付けずに走る競馬であった。その理由として、「モンゴルの競馬は道具に頼らず、ウマの能力を純粋に競うものであるから」という了解がなされている。また、騎手は子どもが務める。それには、体重の軽い子どもが騎手になることでウマへの負担を減らすという意味に加え、騎手としての能力をそれほど期待できない状態での競馬の形態が見て取れるのである。

　また、新聞「オノードル」（1996年6月29日付）にもウマ主体の競馬を強調する記事が見うけられる。それによると近年、競馬への参加者が復活する傾向にあるものの、一方で問題も起きているという。例えば、オヤチが賞金獲得の目的で自分の家畜を放棄して各地の競馬に出場を重ねることが多くなってきているという。また、成績順位を上げるため車に乗り、レース中のライバルのウマを脅したり、コースから外したりすることもあるという。さらに、レースの途中で同じ毛並みのウマに乗り替えるという不正もあったという。こうしたことの1番の問題は本来の競馬はウマの競走であるはずなのに人間同士が争ってしまっている点である、と「オノードル」は警告している。人の私利私欲のために競馬を行うのではなく、ウマの能力を競う、ウマ主体の競走であるという姿勢

競馬騎手の少年。レースが終わりジュースを飲む

がここでも基盤となっていることが分かる。

こうしたウマ本来の能力を競う競馬によってウマは神聖視されるに到る。そうした敬意の表れとして、「競馬ウマ」を世話する際には、必ずハダッグ（хадаг/qadaG）と呼ばれる布を用いる。これで「競馬ウマ」の目を拭いたり、体を拭いたりするのである。この布は、オヤチの腰にホソールとブラシとともに常に下げられている。ハダッグとは、儀礼用に用いる絹布で主にモンゴルで尊ばれる青もしくは白色をしており、仏を包んだり仏壇に飾る布である。また、新年の挨拶にもかかせないもので、その布の上に贈答品を置きやりとりしたりもする。そのハダッグをレースで好成績をあげた「競馬ウマ」に飾ったりもする。まさしく、「競馬ウマ」が信仰の対象であることを表す事例と考えられる。

オヤチの腰につけられた、装飾の美しいホソール。これでウマのあせをぬぐう

また、最も「競馬ウマ」として力が充実していると考えられている5歳馬（ソヨーロン）には、走った後の砂埃を被ると1年の幸福が約束されるという伝承がある。さらにレース後の汗をなめたり体に塗ると縁起が良いとされるため、1着となったソヨーロンがゴールすると、その汗を求めて人が取り囲むこととなる。

さらに、騎手が調教中やレース途中にウマに聞かせる「ギンゴー」というお経は、チベット仏教の信仰対象である「天の馬（ヒーモリ）」、いわば馬頭観音に聞かせるものであるとされている[27]。これを「競馬ウマ」に唱えるということは、「競馬ウマ」はヒーモリ（馬頭観音）として認識されているということであり、ここでも聖的存在として考えられていることが伺える。また、「競馬ウマ」が亡くなるとその頭蓋骨をオボーと呼ばれる土地神を祀る塚に葬られる。他の家畜が「屠殺」を前提とした生きた財産[28]と認識されていることを考えると、屠殺ではなく自然死をもって生涯を終えさせ、それを信仰の対象であるオボーに供するというのは注目すべきである。

以上のことからモンゴル国の「競馬ウマ」は人の支配下におき調教するのではなく、オヤチによってウマ本来の能力が高められる形で完結していることが分かる。そうした「競馬ウマ」と人の関係性がウマ主体の競走であることを支えている。そうしたウマ主体の競馬によって能力がすべて発揮されると、「競馬ウマ」の聖性が高まり信仰の対象となるのである。

4-3　もうひとつの聖別個体との比較

競馬によって高められた「競馬ウマ」の聖性はモンゴルの家畜文化のなかではどのように位置付けられるのであろうか。モンゴルの家畜の中に存在する他の聖別個体との比較を行いたい。

モンゴル国では一部の家畜に対し人間の介入と利用を禁じ、自然の状態で存在させることによっ

競馬の先頭争い。砂埃もすさまじい

て聖別する信仰があることを小長谷が報告している[29]。小長谷はウマ畜だけに限らず、すべての家畜に関してオンゴンやセテルテイと呼ばれる聖別された家畜の事例を挙げている。これらは一般的に去勢していない種オス畜から選別され、毛もかられることなく人間が全く介入せず自然のままで飼育されている。家畜とは肉や乳を人間に供給するために、生殖や子畜に対しての授乳などを人が管理する動物である。このような前提に立てば、これらオンゴンやセテルテイは、「利用を禁じてそのまま残す」ことにより、いわば「野生動物」にみたて、聖別した個体であることを表している。それら聖別した家畜を手付かずでそのまま残すことにより、その代償としてそれ以外の一般家畜の利用を大いに促進して、家畜の大部分を消費する許可を得る概念であると小長谷は述べている。

これらオンゴンやセテルテイと呼ばれる聖別された個体と、前述した「競馬ウマ」の存在とはどのような違いがあるのであろうか。それは両者の容姿においても明らかである。表2に示したように、オンゴンやセテルテイと呼ばれる聖別された家畜と「競馬ウマ」の外見は、ある種対極にあると考えて良いであろう。ウマ畜の中のオンゴンやセテルテイは毛が伸び放題で乗用に用いられないばかりか、人を寄せつけず荒々しく野生化している。それは一旦、聖別されると亡くなるまで種を代表し、その他の家畜の利用を促進させるという象徴的役割を担う。

オンゴン ／ セテルテイ	「競馬ウマ」
種牡馬	去勢ウマ
毛は手入れせず伸び放題	タテガミは切りそろえる（去勢ウマの特徴） 尾の毛や両耳の間の毛を結ぶ（「競馬ウマ」の特徴）
人を近づけない	居留地に繋留し、食餌制限をする。 汗を拭い、ブラシをかける。 調教する。

表2　オンゴン／セテルテイと「競馬ウマ」の比較

一方、「競馬ウマ」は、タテガミを去勢畜の証として切りそろえられているうえに、尾の毛や両耳の間の毛を紐で結ばれている。こうして、紐で結ぶ行為はウマの力を高めるという効果があるとされ、モンゴル国での乳幼児が1人で歩けるようになるまで布に包まれた上から紐で縛られていることに共通するといわれている。こうした人間の子どもと共通の信仰により、人間によって手がけられ「競馬ウマ」の聖性がより高められることになる。また、長距離を速く走ることができるようにオヤチによって調教され、経文を聞かせることによってその聖性はさらに高められる。オンゴンやセテルテイが手付かずであることにより聖別されていることに対して、「競馬ウマ」の聖性は、オヤチの伝統的なわざをほどこすことによって神聖化された個体であるといえる。またその聖性は恒常的に保たれるものではなく、ナーダム祭が終わればもとの自然に戻される。それはナーダム祭を中心とした1年のサイクルに組み込まれた神聖化された動物であることを表しているのである。

5　まとめ

以上の考察から明らかなように、モンゴル国の「競馬ウマ」の聖性は当該文化が重層的に重なり、合成されて生み出された観念であると考えられる。少なくともモンゴルの遊牧民文化において、ウマは他の家畜と比べ単なる動物ではなく人間と近しい認識にある。ウマは恒常的に人間の支配下に置かれることなく、自由に放牧されており、また、親族関係が強く意識されているという。こうしたウマと人間の関係の築き方にモンゴル国固有の聖性付与の発端がみてとれよう。

こうしたウマ文化を背景に、オヤチが1頭1頭のウマの系譜と性格に応じて最も効果的な調教をほどこす。「ギンゴー」という経文を聞かせ、「ハダッグ」という儀礼用の布で世話することをとおして、ウマは「競馬ウマ」として仕上げられていく。こうして調教が成功し、「競馬ウマ」としての能力がすべて引き出されたときに、そのウマは聖性を付与されることになるのである。

このようにみてくると、オヤチは単なる調教師ではなくウマを神聖化させるための役割をも担った、いわばシャーマン的な存在ともいえよう。このようなオヤチのシャーマン的性格は、オヤチの技術の伝承方法においても見てとることができる。このオヤチの技術は一般的に門外不出であり、親族間においてのみ伝承される特殊なものであるのと同時に、長い時間をかけて習得する「わざ」であるからである。

こうして、オヤチのわざにより神格化された「競馬ウマ」はナーダム祭でそのハレの姿を披露する。しかし、その聖性は永久に持続させられるのではなく、ナーダム祭が終わると再び一般の家畜同様に放牧される。それは、モンゴル国の遊牧民の間に伝承されてきた世界観と、そこから形成されてきた伝統的な生活に基いた「競馬ウマ」の神聖化のサイクルが存在していることを示している。それはまさしく、モンゴルの暦に位置づくナーダム祭のサイクルに規定されているのである。

したがって、「競馬ウマ」の聖性はナーダム祭のための聖性の付加であると考えてよいだろう。ナーダム祭がもともと「オボー祭り」の一部であったという事実とアルタイ系の競馬が供犠の一要素であるという説などを考慮すると、現在の「競馬ウマ」は生きたまま祭りに捧げられる「供犠獣」としての意味が付与されているとも考えられる。それは、亡くなった「競馬ウマ」が「オボー」に祀られることからも明らかなことであろう。

現在のナーダム祭から儀礼的要素が払拭され、国家のスポーツの祭典として位置付くようになっても、「競馬ウマ」の聖性は保持されていると考えられる。それは「競馬ウマ」が「オボー」に生きたまま捧げられる存在であることを前提にオヤチの「わざ」(鑑定法と調教法)をとおして、聖性が付与されているからである。そのオヤチのわざは、長年にわたりモンゴルのウマ文化を背景とした知恵が凝縮されているということはいうまでもない。人々はその神秘的な「競馬ウマ」の聖性に畏敬の念を抱きながら、毎年めぐりくるナーダム祭を楽しみ、「オボー」に祈りを捧げるのである。このように、ナーダム祭の競馬がかりに外見的な近代化を進展させたとしても、その本質的な基層の部分は「競馬ウマ」の聖性を支える文化に堅持されているといえるだろう。

註および引用・参考文献

1) 本章は、「モンゴルの『競馬ウマ』にみる聖性についての研究~ナーダム祭に参加する『競馬ウマ』の調教法を事例として~」(二〇〇二『スポーツ人類学研究』(日本スポーツ人類学会) 第四号 一~一六頁)に、加筆修正したものである。

2) 井上邦子 一九九八「儀礼における『歴史の始点』—モンゴル国ナーダム祭の変容と現在—」『相山女学

園大学研究論集』第二九号「社会科学篇」二二七〜二三四頁

3) 大林太良 一九九五「神馬の奉献について」『馬の文化叢書六民俗』(岩井宏實編) 馬事文化財団

4) ウノ・ハルヴァ/田中克彦訳 一九七一『シャマニズム』三省堂

5) 「競馬ウマ」という用語であるが、モンゴル国では、単に「モリ(去勢ウマ)」、もしくは「ホルダン・モリ[хурдан морь/qurdun mori)]」と呼ばれている。すなわち、「競馬に出場する」ということが直接、ウマの呼び分けの条件とはならず、一般にいう「競走馬」などという呼び分けはおこなっていない。本章において、「競馬ウマ」と呼ぶことによって、特別な呼び分けがなされているかのような誤解を生むことも考えられるが、本章では、あくまでナーダム祭の競馬に出場するウマについての研究であり、それを他と区別する必要があった。よって、本章の研究対象である競馬に出場するウマを特化する必要と、競走するためだけに飼育されているサラブレッドを意味する「競走馬」との混同をさけるため、本章では「競馬ウマ」という語を用いた。

6) 谷泰『神・人・家畜—家畜文化と聖書世界』(一九九七 平凡社) を参照されたい。

7) 山崎正史 一九九六「モンゴル国ゴビ遊牧地域における自然、人そして自然」『熱帯畜産研究会報』四(一) 二二一〜二三八頁

8) 居在家義昭・山内和津 一九九六「モンゴルの家畜管理」『熱帯畜産研究会報』三(一) 一〜六頁

9) 谷泰 一九九七『神・人・家畜—牧畜文化と聖書世界』平凡社 第二刷

10) イギリスでは、例えば、「1000ギニー」と「オークス」は4歳メスのみの競走であり、「2000ギニー」、「ダービー」、「セントレジャー」は4歳オスメスの競走である。また、日本では、「桜花賞」、「優駿牝馬」は4歳メスのみの競走で、「さつき賞」、「東京優駿」、「菊花賞」は4歳オスメスのレースである。アメリカでは、「ケンタッキー・ダービー」、「プリークネス・ステークス」、「ベルモント・ステークス」はすべて4歳メスオスの競走である。フランスでは、「ジョッキークラブ賞」、「パリ大賞典」は4歳オスメスが出場し、「凱旋門賞」は、4歳以上のオスメスがレースを行う。

11) 谷泰 一九七六 『牧夫フランチェスコの一日』 NHKブックス
12) 松原正毅 一九九〇 『遊牧民の肖像』 角川選書
13) 小長谷有紀 一九九二「モンゴルにおける家畜の去勢とその儀礼」『北方文化研究』二一 北海道大学 一二一〜一六一頁
14) 岩村忍 一九九七 『元朝秘史』 中公新書 三一版
15) 原田煌 一九九五 『モンゴルの神話・伝説』 東方書店
16) モンゴル国東部地域。チンギス・ハーンの出身地と伝承されている。「マンライ・オヤチ（第一のオヤチ）」というオヤチの最高称号をもち、ナーダム組織委員会のメンバーでもあるD氏も、ヘンティー・アイマグから購入している。このことから考えても、良馬の産地として広く認識さえていることと考えられる。
17) 1997年7月現在のレートでは、1円≒7tgである。
18) 楊海英 二〇〇一 『草原と馬とモンゴル人』 NHKブックス
19) 具体的な書名を示すものではなく、競馬ウマの鑑定に関する書物一般の総称である。
20) O. Намнандорж 1989 〃Монголын Хурдан Морины Тухай(モンゴルの駿馬について)〃 Улаанбаатар
21) 1995年5月29日奈良県新公会堂において行われたシンポジウムにおけるセッション「遊牧騎馬文化とスポーツ」での発表。発表者は、当時内蒙古大学蒙古語言文学系助教授ブリンバト氏。
22) 前掲20)
23) 去勢された5歳馬のこと
24) 去勢された4歳馬のこと
25) 去勢された3歳馬のこと
26) 去勢された2歳馬のこと

27）サロールボヤン・J／尾崎孝宏編訳 二〇〇〇 『セチェン＝ハンの駿馬――モンゴルの馬文化』 礼文出版
28）小長谷有紀 「モンゴルの家畜屠殺をめぐる儀礼」『東北アジアの歴史と社会』（一九九一 a 畑中幸子・原田煌編） 名古屋出版会 三〇三～三三三頁
29）小長谷有紀 「狩猟と牧畜をつなぐ動物資源観」『資源への文化適応』（一九九三 大塚柳太郎編） 雄山閣 六九～九二頁

第七章　弓射の呪術性について——『元朝秘史』の分析を中心として——

1　本章の目的と課題

本章では、競技の文化的背景を重層的に捉えるため『元朝秘史』（以下、『秘史』と記す）を資料とし、そこに記述されている弓矢を取り上げたい。

『秘史』は、モンゴル人が自分のことばで、自分たちの様式で、自分たちの〝歴史〟を初めて語った唯一のまとまった書物であるとされている。当時のモンゴル人の精神的世界が分かる書物として『秘史』は非常に重要な意味をもつのである。

また、『秘史』の時代は現在の国民にとっても非常に大きな影響力がある。70年以上続いた社会主義態勢下では、チンギス・ハーンを英雄視することを表向きには禁じてきた。しかし1990年代に市場経済が導入されると、それまで水面下で保ち続けられていたチンギス・ハーンへの特別な思い入れは一気に復活することになる。モンゴル国家が国民の象徴としてチンギス・ハーンを据えたこととも相俟って、チンギス・ハーンは人々の暮らしに急速に浸透することとなる。チンギス・ハーンの肖像画は町を飾り、チンギスの映画も封切られた。現在、外国人向けのホテルや土産物、切手や酒にもすべてチンギスの名や肖像画がみられる。それはナーダム祭も例外ではなく、特に、競技ルールや祭典の様式を「チンギス・ハーンの〝歴史〟」に設定しようとする動きも見受けられる。それは現在のモンゴル社会において、チンギス・ハーンが人々の心情の歴史的側面を担う重要なフアクターであることを示しているだろう。

よって、弓射競技を支える人々の文化的背景を捉えるために、チンギス・ハーンの時代を最古の文献によって読み解くことは重要であると考えられるのである。そこで本章では、『秘史』の時代においてて弓矢はどのように認識されてきたのかを明らかにし、モンゴルの弓射文化の一端を理解することを目的とする。

2　本章の研究方法

『元朝秘史』は、モンゴル語で「モンゴリン・ノーツ・トブチョー（Mongoliin nuuts dovchoo／モンゴルの秘められた綴り）」と呼ばれるものを指し、13世紀に成立したといわれているが諸説のある文献である。現在、日本語に翻訳されたものは、漢字音訳本『元朝秘史』を訳したものである。

では現在、『元朝秘史』とはどのように評価されている文献であるのだろうか。それを日本で最初に翻訳したのが那珂通世である。那珂は、『秘史』を「蒙古人の始めて文字をしりたる頃の書なれば、據るべき舊記も無く、語り部などの語り繼ぎ言ひ繼ぎたる事をそのまゝに書ける者なり」[1]と捉えている。そうして『秘史』を「古事記に似たり」と位置付け、「故に余は、此書の譯本を、蒙古古事記と名付けんと欲したり」[2]と述べている。しかし、『秘史』と古事記の異なるところとして「古事記は過半神話なれども、此書は殆ど皆實傳なり。故に此書は、上古史に非ずして近世史なり」と述べ、また題名を、『成吉思汗実録』と訳したことについて「古の事を追叙せる歴史に非ずして、當時の事を直叙せる記録なり。よって實録とした」[3]と理由づけている。

こうした『秘史』の記録性を重視した視点は、梶村昇の論文「『元朝秘史』にみるモンゴル人の信仰」においても見受けられる。梶村は、『秘史』を「彼らの信仰を初めとして生活心情をうかがうに足る記録」[4]として取り扱う立場を明らかにしている。また、岩村忍の『元朝秘史』[5]においても、なにゆえ「秘密の歴史」とされたのかを以下のように理由づけている。一つは、何事も率直に記述しているためモンゴル人にとって神のように考えられていたチンギス・ハーンの非行などを外部にもらしたくなかったため、二つ目は後継者がチンギス・ハーンの指名した子孫ではないため元朝の宮室にとっては都合が悪かったためとしている。ここで岩村は「秘密にしておかなければならないほどの史実を伝える史料」という側面に着目していることが理解できよう。いずれにせよ、これらは『秘史』の記録の真実性を強調した立場をとっている。

一方、村上正二は『秘史』を「十二、三世紀の交におけるモンゴル民族の勃興期に当たって、民族統一の業を成し遂げた英雄チンギス・カンの生涯を中心にモンゴル帝国成立の歴史を物語った歴史文学」[6]と定義している。そうして『秘史』を純粋の文学作品としてみるならば「明らかに中央アジア諸民族から影響を受けたらしい説話のパターンの繰り返し」[7]となるし、これを客観的歴史叙述として取り上げるならば「その叙述の中には幾つかの重大な自家撞着的記述」[8]とも見られるとしている。そこで村上は「『秘史』を生み出したことによって彼らの口誦文学に新しい形式を付与して、彼ら自身の歴史叙述の形式を編み出し、さらににまた、彼らの民族文学をも同時に作り出した」[9)]として、『秘史』を位置付けている。

蓮見治雄[10)]はより積極的に『秘史』を口承文芸として捉えている。村上が『秘史』をモンゴルの口誦文学、歴史叙述、民族文学の初と捉えているのに対し、蓮見は『秘史』以前の口承文芸の形式にのっとって成立したものであると位置付けている。蓮見は『秘史』がモンゴルに伝わる英雄叙事詩と共通した展開になっていることに注目し、口承文芸として『秘史』を考察する立場をとっている。

以上『秘史』についての先行研究は、①『秘史』の内容の記録性を重要視するもの、②初の歴史文学として以降のモンゴル文学に影響を与えた文学作品、③既存の口承文芸の形式に則った文芸作品と評価するもの、と若干の立場の違いはある。また、それら三つの立場を融合させたかたちで評価する先行研究もある。

これら様々な立場から行われている先行研究であるが、『秘史』の内容について共通の評価を示している部分もある。『秘史』を実録と称した那珂やその記録性を重視した梶村、岩村だけでなく、歴史叙述とするには慎重な村上も「全巻を通じておのずと溢れ出ている民族の息吹き」[11)]と述べ、当時のモンゴル人の文化を確実に伝えていることを評価しているのである。また蓮見は、そもそも口承文芸を「それを伝承する民族の心のことばであり、歴史である」[12)]と述べている。よって、いずれの先行研究も当時の人々の生活心情を知り得る文字資料として、『秘史』を捉える立場であることが伺える。そこで、本章においても『秘史』は当時の人々の弓矢に対する考え方を現在に伝える資料であると捉えたい。ゆえに、『秘史』の事実性について言及するのではなく、あくまでも、弓矢の「語られ方」を問題にしたいと考える。

なお『秘史』には、現在において多くの翻訳が編まれている。那珂通世[13]、白鳥庫吉[14]、村上正二[15]、岩村忍[16]などがその主なものであろう。その中で本章では、小沢重男『元朝秘史全釈』、『元朝秘史全釈続攷』[17]の訳文を採用することにする。小沢による本書は、先学の研究成果を参照した上に、さらにモンゴル語学の専門家として中世モンゴル語解釈を加え、より的確な訳を実現したと判断される。よって、本章中の訳文はすべて小沢のものとした。また、固有名詞など、モンゴル語のカタカナ表記も小沢の記述に準ずるものとした[18]。

3　弓矢の象徴的意味

3-1　統治権を表す弓矢

『秘史』の中で弓矢は武器として多く登場する。しかし、そうした人や動物を殺傷するための弓矢のほかに、『秘史』の文脈において象徴的に意味を付与された弓矢も取り上げられている。筆者はこうした弓矢こそが当時の弓矢の観念を読み解く手がかりになると考える。よって本章では、そうした象徴的な弓矢について検討することにする。

象徴的な意味をもつ弓矢がまず最初に登場するのが『秘史』巻一・22節である。ここにはチンギス・ハーンの祖とされ、モンゴル族の母と伝承されるアラン・ゴアが夫亡き後に産んだ三人の子について嫌疑をかけられる場面が記されている。ゴアの長男・次男が「下の三人は、誰の子なのか」と疑念を抱き五人の兄弟の団結が揺らぐこととなる。それを見た母アラン・ゴアが以下のように諭す。

「五子を並べ坐らしめて、一本《ひともと》ずつの矢柄をば（折りよ）と言いて与えぬ。一本ずつを、いかであらしむべき、折り去りぬ。又、五本《いつもと》の矢柄をば、共に束ねて〝折りよ〟と言いて与えぬ。五人とも五本の矢柄を各人毎に握りて次々に折らんとし能わざりき。」（巻一・19節、傍線部筆者）

そう述べた上で、アラン・ゴアは、自分が眠っている間にゲルの天窓から夜毎に淡黄色の人が入ってきて腹をさすったから[19]三人の子を妊娠したと説明し、長男と次男の疑惑を晴らそうとする。こうして産んだ子だからこそ人並みの人ではなく、天の子である証拠だと説得するのである。そうして、五人の我が子に向って、

「汝等、我が五人の子等よ（汝等は）唯一つの腹より生まれたり。汝等さきの五本の矢柄の如し。ひとりひとりにあらば、かの一本《ひともと》ずつの矢柄の如く、何人にても、たやすく折らるべし汝等。かの束ねたる矢柄の如く共に一なる和をもちてあらば、何人によるとも、いかで折らるべき汝等」（巻一・22節、傍線部筆者）

このような矢を子に分け与える話[20]に登場する「矢」は、護雅夫[21]によると「統治権のシンボル」であるいう。護によると、北東・北アジアの狩猟・牧畜社会では社会・経済・政治単位を「矢」と呼んだことから、「矢」を分け与えるという行為は軍や部落、領土の分配を象徴することとなったと

いう。

さらに、『秘史』巻三・116節には、弓矢を交換することで盟友の契りを結ぶ幼少時代のチンギスとジャムカの話が登場する。

「櫟《いちい》にてつくれる、反《そり》少なき弓もてる者ども、射を競い合いつつある時、ジャムカ、二歳の牛の二本の角《つの》をはりつけ、孔をうがち、音をもてる己が鳴髉頭《なりかぶら》[22]をば、テムジン[23]に与え、テムジンの杜松《ねず》の尖《さき》もつ髉頭《かぶら》と換え合いて盟友《アンダ》の誓いを結び合いぬ」（巻三・116節、傍線部筆者）。

この2人は、これ以前にも、「髀石《シャー》[24]」を交換している。その後、さらに矢を交換することで、盟友の契りをより強固なものにしているのがこの場面である。2人は将来、この盟友の契りを守り、お互いを助け合い、戦に臨むことになるのである。矢が護のいうように「統治権のシンボル」だとすると、矢を分け与えて折らせたり、交換するという行為は忠誠を誓いあい結束を促すことに繋がるのであろう。また、矢そのものが「統治権」を象徴するだけでなく、そのわざに長けることも、現在政治的権力を大きく握ることとなったようである。『秘史』巻十一・254節では、チンギス・ハーンの後継者問題を決定する場面に遠矢が登場する。そこでは、チンギスの子ヂョチは、宿敵であるメルキト族の血を引く者であると兄弟たちに決めつけられ、チンギスの次代の支配者として認められず差別を受けていた。そのヂョチが兄弟たちに不満をぶつけ詰め寄る場面である。

「汗なる父によりて『いな《ブス》』と云われざりき。（然るを）汝、我をいかで分《わか》つや。いかなる技能《わざ》もて勝れるや汝、ただ己が頑冥さによってのみ、はて、勝れるや汝。遠射《とおや》して、汝に劣らば、拇指[25]を斬り捨てん。取りくみ合いて、汝に敗れなば、倒れし地より起つまじ」（巻十一・２５４節、傍線部筆者）。

すなわち、ヂョチは遠射や相撲で負けるのなら納得の上後継者候補を退くが、不確かな理由でチンギスの実子ではないと疑われることに反発している。ここでヂョチは必ずしも実際に遠射や相撲を行うよう求めているわけではなく、後継者を選ぶ公平な手段としてこれらを引き合いにだしていると考えられる。だからこそ、これらの競技が政治的な実権を握る人物の判別装置として、すでに了解されていることが分かるのである。

このような事例から、『秘史』の時代には弓矢は「統治権」をシンボリックに表し、同時にそのわざに長けることが政治的権力を握る資質とされてきたことが分かるのである。

３‐２　矢筒を帯びる身体

弓矢が統治権のシンボルであるのならば「矢筒[26]を帯びる」ことに執着していたことも納得できることである。

『秘史』においてチンギスがソルハン・シラらに恩賞を与える場面ではこのような記述がある。

「メルキド族の地、セレンゲ（地域）を居営地《ヌントゥグ》とし居営地《ヌントゥグ》を自在《ダルハン》にせよ、親族の親族（子々孫々）に到るまで、矢筒を帯び、盃をほし、自在《ダルハン》にせよ、九度《くたび》の過失《あやまち》にて（も）刑罰《ばつ》に入るまじ」（巻九・２１９節、傍線部筆者）。

この事例では、チンギスが当時の最大級の待遇を言語化した場面であろう。ここでは、自由に遊牧できること（すなわち領有権を認めるということ）、また、過失に関して罪に問わないことと並んで「矢筒を帯びること」を認める約束をしている。これは、男として矢筒を携えていることが武器としての実用性を超えて、何よりの権力と誇りに繋がることを示していることと考えられる。それは、次の事例をみても明らかである。

　モンゴルを攻めようとするナイマン族のタヤン汗が母グルベスに以下のようにいう。

「モンゴル人《ひと》（の許《もと》）に行きて、彼等の矢筒をか持ち来らん」（巻七・１８９節、傍線部筆者）。

　そしてタヤン汗は、オングド族のアラク・シディギド・クリにも一緒にモンゴルへ出陣しようと持ちかける。

「我ここより共たりて、彼等モンゴル人の矢筒を取らん」（巻七・１９０節、傍線部筆者）。

　しかし、アラク・シディギド・クリはその誘いには乗らず、使者を使ってチンギスのもとにタヤン汗が攻め込もうとしていることを伝えさせているのが、

「（我等に）来たりて己が矢筒を取られまじ汝」（巻七・１９０節、傍線部筆者）という台詞である。

　ここでみられる一連の台詞である「敵の矢筒を持ちかえる、敵の矢筒を取る」というのは、敵を攻撃し命を奪う、もしくは領地を支配するということを意味している表現であることが分かる。

　ちょうど巻狩りをしていたチンギス・ハーンは、アラク・シディギド・クリの使者の話を聞くと一同に計る。一同は、春であるためウマがまだ使えないということを理由に闘うべきではないと忠告するが、それに対しチンギス・ハーンは次のように答えている。

「生きてありつつ敵に己が矢筒を取らるれば、生ける何の益ぞある、生まれし男子《おのこ》にとって、死すとも、己が矢筒・矢と骨《かばね》と一つにて斃れなばよきにあらずや、ナイマン族の人衆は、『民人《たみびと》大きく、人衆多し』とて大言壮語を言いてあり、我等、この、彼等の大言に乗じて出陣し、行きて、彼等の矢筒を取らば、難きことあらんや」（巻七・190節、傍線部筆者）。

すなわち、敵に矢筒をとられたのでは死んだも同じ、最後に矢筒と骨だけ残されることが本望であると語っている。男として生まれてきた限り最後まで矢筒・矢と身は一つでありたいという、いわば死生観をチンギス・ハーンは述べている。当時の男にとって矢を帯びてこその身体というわけである。矢筒を帯びる身体こそが「男として生きる」ことになり、最後は矢を帯びたまま死ぬことをよしとする死生観である。当時の戦いに生きる男として矢筒を帯びるということは単に武器を携帯することだけではなく、自らを生かすことと同義であったと考えられる。

4　弓矢のわざにみるシャーマニズム

4-1　呪具としての弓矢

弓矢がなぜこのように統治権を象徴したり、矢を帯びる身体が重要視されるのであろうか。護雅夫によると、もともと弓矢はシャーマンの呪物であったことから、シャーマンと同様の力を得ようとした権力者の持ち物となり、弓矢は権力を表すようになったと説明している[27)]。もっとも、アルタイ系諸民族のシャーマンにとって、弓矢は非常に重要な呪具であったようである。モンゴルにおけるシャーマニズムは、「бөө《ボー》(böge)」の宗教と呼ばれ、「天（тэнгэр《テングリ》／tngri）」[28]を信仰の対象としている。「бөө《ボー》」は、特に男性のシャーマンを指す語である[29]。この「бөө《ボー》」は、弓射の飛行で占いをするということをバンザロフ[30]が報告している。

　また、ウノ・ハルヴァ[31]によると、アルタイ系のシャーマンは悪霊を払うため装束に様々なものをつけているという。その一つが弓矢の模型であり、ときには9つも並べてつけている事例もあるという。また、祭儀においてシャーマンは手に弓を持っていないにもかかわらず、弓射についての歌謡を行うとされている[32]。また、アルタイ系のシャーマンにとって太鼓は必需品で重要な呪具とされているが、その太鼓の内側にも金属性の矢の模型がとりつけられていたり、太鼓に弓を持つ人が描かれている[33]事例があるという。

　そうした弓矢の使用法は、アルタイ系の人々の葬法においてもみられる。例えば、ブリヤートでは、死者に弓矢をもたせて火葬するという[34]。また、ツングースでは遺骨の右側には猟剣と真珠の飾りのついた矢筒に6本の矢を入れておき、左側には弓を置き死者を葬るという[35]。またウイグル人は手に弦を張った弓を持って墓に収めるという[36]。

　さらに、ハルヴァはシャーマンはもともと太鼓ではなく弓矢を用いて諸霊を脅し、それを目掛けて射ていたというレヒティサロの説を紹介している[37]。その証拠としてオビ河下流のツンドラ・ユラークのシャーマンは、呪歌の中で太鼓のことを「弓」とか「歌う弓」と呼んでおり、アルタイ地方では、もともと小さな弓だけを用いて祭儀を行っていたとしている。それらの弓は音で悪霊を退治する一種の楽器であり、太鼓に先行する呪具である可能性があるという。

弓矢が音の出る呪具であったことと関連し『秘史』巻七・194節を取り上げたい。「己が矢筒をたたきて、踵《きびす》を返して駆け去りぬ」（巻七・194節、傍線部筆者）と表現されていることの場面は、大勢のモンゴル軍に対し臆病風をふかせるタヤン汗の軟弱さを嘆いて側近が去って行く場面である。この矢筒をたたくという行為は、小沢重男も疑問に感じたようで、知り合いのモンゴル人に尋ねたと明かしている[38]。そのモンゴル人が言うには、矢筒をたたくというのは戦に負けた口惜しさ、無念さを表現したのではないかということであり、小沢も「中世のモンゴル人は自分の心中の口惜しさを表すのに、gor を deled したのであろうか」[39]と述べている。小沢もこの矢筒をたたく行為が何をしめしているのかは判断がつきかねているようであるが、それを先述のシャーマニズムに関連させれば、より積極的な解釈ができるのではないだろうか。すなわち、そのたたく音が何らかの悪霊払いに通じる行為とも考えられるのである。この場面も、汗《ハン》たるものが戦をする前から弱気な発言をしたことに対し矢筒をたたくことで、その発言（言霊）によって悪霊がつくのを払い、天の加護を求めたのではないかという解釈も成り立つであろう。

いずれにしても弓矢は、その音に呪力が備わるシャーマンの呪具であり、その了解が『秘史』の時代の背景にあったと考えられる[40]。その弓矢の呪術性を考慮すると、前章で触れたような政治的権力や男の生き方を弓矢がシンボリックに表すことも理解できるのである。

4-2 弓名人《メルゲン》のシャーマン的性格

弓矢自体に呪術性が備わるのであれば、弓射のわざに長けることはその呪力を司ることを示すであろう。それは、「Мэргэн《メルゲン》（mergen）」というモンゴル語そのものが示している。もともと弓名人を意味する語なのだが、形容詞として用いると「賢い、洞察力ある、明敏な」を意味し、また、「占者」を表す語でもある[41)]。すなわち、「Мэргэн《メルゲン》」はただ単に弓射という一芸に秀でているだけでなく、人知を超えた能力を備えた人物といえるだろう。『秘史』にも、チンギス・ハーンの祖として、ゴリチャル・メルゲン、ボルジギダイ・メルゲン、ドブン・メルゲンなど、メルゲンの名をもつ人物が多く登場する。これも、ただ弓名人を指すというよりも、例えば「英雄」という意味をなすような、男子の美称として用いられていると考えられる[42)]。また、占者の意味は、もともとシャーマンが弓射で占いをしていたことに通じるものだと考えられる。よって弓名人《メルゲン》とは、当時のシャーマンの姿とも重なるような、総合的な資質を備えた指導者と解釈できるのである。

『秘史』巻八・２０８節にも、メルゲンのわざに関する場面が登場する。チンギスの側近で弓名人《メルゲン》のジュルチェデイが敵の顴骨を射る。その功労に対しチンギスは、「セングムの顴骨をウチュマク箭もて射りし故、永しえの天（の加護）によって命運の開けたるぞ」（巻八・２０８節、傍線部筆者）と賛辞をおくっている。この場面での弓名人《メルゲン》のわざは敵を倒すという功績以上の意味をもって『秘史』には記されている。

こうしたメルゲンのわざが天の加護と密接に結びつくことに関しては、モンゴルの英雄叙事詩においてもよくみられる。モンゴルの代表的な長編英雄叙事詩「ゲゼル話」の中には、ゲゼルが幼い折に、30人の勇者と弓射競技を行う話が登場する[43]。競争相手の勇者が天空に向けて射た矢は、お昼頃に落ちてきたのに、ゲゼルが射た矢は夕方暗くなってからやっと落ちてきて、しかもきわめて正確にもとの位置に戻ったという。このようにゲゼルが勝利したのは、天上にいるゲゼルの三神姉が打ち上げられたゲゼルの矢をつかみ、矢に多くの鳥をつないで天上に投げ下ろしたためであるという。すなわちゲゼルは、そうした天の支援なしでは、他の勇者に勝利することができなかったということだ。それを換言すれば、真の英雄たるものは天に愛でられ、天の加護を得ることができる人物であるということである。

『秘史』や英雄叙事詩に登場するメルゲンのわざは天の加護を呼びこめる力があり、また、天の加護がなければなし得ないものであることが分かる。そうした天に愛でられた[44]メルゲンは「天」を司るシャーマンの姿を想像させるものと考えられるのである。

5　まとめ

『秘史』には、武器としての弓矢だけでなく、象徴的に意味付けられた弓矢が多く登場する。それらの弓矢は統治権を象徴し、兄弟同士の団結や盟友の契りをも媒介するアイテムとして記述されていた。また、「矢筒を帯びてこそ、男として生きること」という了解が『秘史』の背景にみられた。

そうした『秘史』に登場する弓矢の特徴はシャーマンの弓矢の呪術性と無関係ではないだろう。ゆえに、弓矢を携えた身体が重要視されることとなるし、弓射のわざは天の加護を約束し、次代の権力を担う資質を保証する。それを体現しえた人物――弓名人《メルゲン》――は限りなくシャーマンの姿と重なると考えられるのである。

現在のナーダム祭の弓射競技を支える人々においても、その勝敗への関心もさることながら、その競技のわざの背景に人知を超えた能力の発現を見取っているのではないだろうか。そうした意味で弓射競技は的に当てる技術を判別するだけの装置ではない。人知を超えた力を持ちうる弓名人《メルゲン》の資質を競っているのである。そうした競技へのまなざしは『秘史』の時代から現代に到るまで人々の〈記憶〉に息づいていると考えられる。このような文化的背景を踏まえた上で、現代の弓射競技をもう一度確認する必要があるといえるだろう。

註および引用・参考文献

1) 那珂通世 一九〇七 『成吉思汗実録』 大日本図書 五六頁
2) 前掲1) 五八頁
3) 前掲1) 五九頁
4) 梶村昇 一九七八 「『元朝秘史』にみるモンゴル人の信仰」『アジア研究所紀要』第五号 亜細亜大学アジア研究所 一二九頁

5) 岩村忍 一九九七〔一九六三〕『元朝秘史』中公新書 三二版

6) 村上正二 一九七〇『モンゴル秘史』一 平凡社 一頁

7) 前掲6) 一頁

8) 前掲6) 一頁

9) 前掲6) 二頁

10) 蓮見治雄 一九七八〜一九八七「元朝秘史の口承文芸的研究」一〜四『東京外語大学論集』二八、三〇、三四、三七

11) 前掲6) 一頁

12) 蓮見治雄 一九九三『チンギス・ハーンの伝説─モンゴル口承文芸』角川書店 七頁

13) 前掲1)

14) 白鳥庫吉 一九四三『蒙文音訳元朝秘史』東洋文庫

15) 前掲6)

16) 前掲5)

17) 小沢重男 一九八四〜八九『元朝秘史全釈』(上)(中)(下)『元朝秘史全釈続攷』(上)(中)(下)風間書店

18) ただし、小沢は「チンギス可汗」と記述しているが、筆者のこれまでの拙著との整合性をもたせるため、「チンギス・ハーン」に限り、小沢の記述を採用しなかった。

19) バンザロフは、この場面をモンゴル人の天信仰を表現する重要な場面であるとしている。バンザロフは、天窓から入ってきたのを、天からの光であると解釈し、チンギス・ハーンが天の子として権威付けられ「名族を高く見させようとの目的を有するもの」であるとし、「天が人民の幸福を配慮するというふことの證據となる」〔バンザロフ一九四二：一二〕と述べている。

20) 『秘史』だけではなく、村上正二〔村上一九七〇〜七六〕によると、世界中に分布しており、西欧のイソップ、イスラムのウマイヤ朝説話、中国の『魏書』にも、同様の話が伝承されているという。日本

の毛利元就の話は、イソップの影響だという。

21) 護雅夫 一九五二「『矢を分け與える話』について」『北方文化研究報告』第七号 北海道大学

22) 「鳴髏頭」については、村上〔村上 一九七〇～七六〕によると、テムヂン、ジャムカともお互い子どもであり、実用的ではない遊戯用の矢を交換しあったことを暗示しているのではないか、との見解を示している。

23) チンギス・ハーンの幼名。

24) 家畜のくるぶしの小骨のことで、子どもの玩具。小沢重男〔小沢 一九八四：三二四〕によると、現在のウランバートルでは、シャーは、シャガーやシャガィと呼ばれており、テムヂンとジャムカもこれをオナン河の氷上にころがして遊び合ったのだろうと述べている。

25) モンゴルにおける弓矢の持ち方は、親指と人差し指のまたで、矢の末端（枯）をはさみ、親指で弦を引く。世界の諸民族の射法が、親指の腹と人差し指の側面とで矢と弦をはさむ、もしくは、人差し指と中指ではさむということと（宇野 一九九四：七九八）と比較しても、モンゴルの射法は、親指が非常に重要な役割を示していることが分かる。ここでも、拇指を斬り捨てるという記述にあるように、いかに親指が弓射にとって重要かをしめしているといえよう。

26) 『秘史』においては、矢筒もまた呪力があると考えられているようである。ナイマン汗が、モンゴル人を討伐しようとして、母と話している場面では、「この東つかた、『少しきモンゴル人あり』と云わる。その人衆、老いて、大なる古き王汗を、己が矢筒もて恐れしめ、背を去らしめ死なしめぬ。今それ、『汗たらん』と云いてあるや彼等。」（巻七・１８９節）となっている。この場面は、モンゴル人が王汗を滅ぼしてしまったことを述べているのであるが、ここで矢での攻撃のことを「矢筒で恐れさせる」と比喩的に表現しているのである。これは、矢筒というものが、ただの矢の入れ物という意味だけではなく、シンボリックなものとして認知されていることを表しているのであろう。

27) 前掲21)

28）天の信仰をどう解釈するかというのは、バンザロフや梶村が詳しく解説している。ブリヤート・モンゴル生まれのバンザロフによれば、モンゴル人の考える「天」を、よく、欧米人や回教徒が「デウス」や「アッラー」などと同意義として捉えることがあるが、それは誤解であるとしている。バンザロフは、「天」に関して造物主的概念を含まないものであると捉えている。また、梶村も「天」は、「特別な人格や霊体をもっているものではなく、あくまでも彼等の頭上を蔽っている天である。しかも天は、彼等を支配し、行動や思想を洞察し、不正があればこれに天罰を下し、正義を守り、彼等に幸福を与え、時には人に霊を与えて、彼等の守護者となってくれるもの」（梶村一九七八：一三九）であると述べ、モンゴル人の「天」の信仰は、「自然崇拝そのもの」であると捉えている。

29）女性のシャーマンは、ウガタン「удган（uduGan）」などと呼ぶ。

30）バンザロフ／白鳥庫吉訳　一九四一「黒教或ひは蒙古人に於けるシャマン教」『北亜細亜学報』第一輯

31）ウノ・ハルヴァ／田中克彦訳　一九七一『シャマニズム』三省堂　四五二頁

32）前掲31）四七〇頁

33）前掲31）四七二頁

34）前掲31）二七三頁

35）前掲31）二八一頁

36）前掲31）二九〇頁

37）前掲31）四七六～四七七頁

38）小沢重男　一九八八『元朝秘史全釈続攷』（中）　三一二頁

39）前掲38）三一二頁

40）ここで、『秘史』の世界とシャーマニズムの関係性を明かにしておかねばならないだろう。梶村は、『秘史』に見られる唯一の信仰は、「天の信仰」であると述べている。チンギス・ハーンがシャーマニズムを背景とする天の信仰をもっていたことは明かであるが、その一方で、チンギス・ハーンの一生は、戦によって成り立っているともいえ、そうした意味では戦に勝つためには、非情なまでに残酷で合理主義者であったという〔梶村一九七八〕。岩村忍は、「他の未開、特に農耕社会に較べて遊牧民は迷信的ではない。なかでもモンゴル人の社会には迷信や神怪的要素が少なく、彼らは、合理主義者だといえよう。その典型はチンギス＝ハン自身である」〔岩村一九九七：六三〕と述べている。また、チンギス・ハーンは「実際家であり、合理主義者であった。超越的な神の存在は信じても、人間の世界に関する限りは、あくまでも功利主義者であった。」〔岩村一九九七：一五九〕としている。とはいえチンギスもやはり天の信仰を司るシャーマンの扱いには苦慮していたようだ。それがゆえに父エスゲイに後事を託されて以来、シャーマンであるモンリク＝エチゲがチンギスの治世にも遣え、隠然たる勢力をもっていた。すべての勢力を握ろうとしたチンギスは、そうしたシャーマンの力を畏怖し、モンリク＝エチゲの子ココチュ＝テンゲリを殺すよう命じている。ココチュ＝テンゲリの「テンゲリ」は、先述したとおり、「天」の意味である。チンギスは、ココチュに「力較べをやれ」と命じ、そこでココチュは、力士に背骨を折られ殺されている。シャーマンを殺すとなると、非情なチンギスとはいえども、通常の殺し方はできなかったようで、相撲※にかこつけ力士に殺させている。また、背骨を折るという殺し方は血を大地に流すことをタブーとするモンゴル人にとって、相手に敬意をはらった殺し方と考えられる。また、シャーマンを殺すことが許されるのは、力士であることも重要な点であろう。ココチュ＝テンゲリが殺された後、チンギスは「我と同じになろうと思いあがった故に、禍いが降り、天に愛されず、命も身も持ち去られたのだ」と言っている。ここでは、あくまでココチュを殺したとは言わず、禍いが降り、天に愛されなかったことで、命を落としたと理由づけている。もちろん、これがシャーマン相手だからであろう。ここでは、政治的君主チンギスとシャーマンの複雑な権力の攻めぎ合いがみてとれる。結局、チンギスは、絶対君主として、シャーマンの干渉をゆるさなかったということである。しかし、シャーマンに対する対処のし方に、合理主義者といわれたチンギスらしからぬ行為が、みてとれるといえよう。シャーマンの存在が、チンギスを、完全なる合理主義者にさせなかったといえよう。シャーマン的呪術は、確実に、チンギスの影響を与えているということであろう。

※「天の審判」を下す場として、相撲が認知されていたということも注目できる。また、換言すると、相撲によって命を落とすということは、「天」が見放したということであり、ここでの殺人は、信仰上、見咎められないことであったとも考えられる。

41）42）小沢重男一九八四『現代モンゴル語事典』大学書林 二七四頁

小沢重男（小沢一九八四－八七：三四）によると、『秘史』における「メルゲン」は、才能豊かな男性に対する一種の美称であるという。また、『秘史』には、チンギスの母ホエルンを「エメ（女性の）メルゲン」であると記されているが、これを小沢は、「女丈夫」と訳している。岩村（岩村一九九七：二四）も、「エメ・メルゲン」を「女丈夫で弓が上手」と訳し、「メルゲン」を広義に捉えている。

43）44）原山煌一九九五『モンゴルの神話・伝説』東方書店 一四六～一四七頁

「天に愛でられる」ことの重要性は、『秘史』にも記されていることから、当時の人々にとって大きな関心事であったと考えられる。例えば、巻四には、シャーマンの使用する「ジャダ（雨乞いの石）」によるまじないで、ナイマン族が敵の頭上に雨を降らせようとする場面に、それが伺える。しかし、結局、敵方の頭上には降らず、自らの頭上が風雨となってしまい、軍を進めることができなかった。そこで「彼等、進みかね、〝崖崩れし隈にまろび落ちて、天に愛でられざりを我等〟と言い合いて潰散せり」（巻四・１４３節）と記されている。ここを村上は、「天神の御加護が得られなかった」（村上一九七〇：三一五）と訳している。『秘史』において、人間の力の及ばない事項に対し、「天」の意志を見取っているということであり、天に愛でられる、天の加護を得ることは、生き死にに直結する最大の関心事であったことが分かる。

第八章　ナーダム祭の現在と変容——モンゴル国再生に向けて——

1　ナーダム祭の現在

1-1　国家ナーダム

①イフ・ナーダムの事例

7月11日、12日にウランバートルのナーダム・スタジアムで行われるのが国主催の「イフ(大きな)・ナーダム」である。7月11日は、モンゴルの革命記念日にあたり、1921年よりこの日程が取られるようになった。「イフ・ナーダム」の他に、アイマグやソム主催のナーダム、さらに軍主催のナーダムなど小規模なナーダムも夏期に各地で行われている。そうした各地の小規模なナーダムで優秀な成績をとったものが「イフ・ナーダム」に集まることが多い。

ナーダムが行われる7月は、牧畜の年間サイクルの中で唯一、作業が一段落する時期である。そのためもあって、特にイフ・ナーダムには見学のために人が多数ウランバートルにやってくる。写真資料にも示したようにトラックの荷台に大勢が乗り合って移

ナーダム祭が行われるウランバートルの中央スタジアム入口。相撲、競馬、弓射の壁画が掲げられている

動したり、モンゴルの南の地方からラクダに乗って何日もかけてやってくる家族もいる。ウランバートルが一年に一度、最高に盛り上がる時期であるといえるのである。この時期は市場にならぶ食料品も値上がりし、また品薄になる。よって、ウランバートルに住む人々はナーダム時期には早くから食料品を買い置きする習慣がある。

　このナーダムを運営するのは約２００名からなるナーダム組織委員会が主体となる。ナーダム前の6月10日に結成し、7月15日まで活動をすることになっている。その下部組織として相撲担当、競馬担当、弓射担当と役割分担され、それぞれ30名前後の専門家などによって組織されているという。１９９４年からはコンピュータも導入され、仕事がはかどるようになったというが資金不足が深刻であるという問題も抱えている。

　また、一人のナーダム組織委員の話によると、これまでのナーダム祭は人民革命勝利記念として行われてきたのだが、その意味が昨今、希薄になりつつあるという。現在は、「革命記念」をことさら強調することはなく、「国家の独立」を祝すという意味を残していくというのが組織委員会の方針であると述べている。

モンゴル国の地方から、ナーダム見学のためにウランバートルまでやってきたトラック。大人数で乗り合って何日もかけて駆けつける（ウランバートル郊外、競馬のゴール付近にて撮影）

モンゴルの移動式住居「ゲル」。入口は民俗方位の「南」向きに設置されるが、実際は南東を向いている。ナーダム祭を行うスタジアムの入口もゲルと同じ方向である

ナーダムを行うスタジアムはウランバートルだけでなく、地方のナーダムを行う場合でも東西南北の位置関係が同じである。それはモンゴルにおける民俗方位に則したものである。モンゴルの移動式住居「ゲル」は入り口が南東を向く。それをモンゴルの民俗方位では「南」とみなす。それと同様に、ナーダム・スタジアムの入り口も「南」（実際には南東）の方角に向き、そこから選手たちは入場することとなる。また、招待者は「北」の位置に着席するが、それはゲルにおいても客が坐る位置である。また、スタジアムでは無理であるが、草原で行うナーダム祭の場合「南東」の位置に食堂などがならぶことが多い。それもゲルの台所と合致しているのである。また、相撲においても「北」が尊い方角であるという民俗方位が意識されている。これも、ゲルの中で仏壇などを「北」に配置することと共通する。相撲では力士が「南北」に2列に整列する場面があるが、そこでも「北」から順に称号の高い力士が整列することとなっている。ここでも「北」

競馬のゴール付近で飲み物を売る出店。ウマに乗ったまま購入できるところがモンゴルらしい

を尊ぶ民俗方位が意識されているのだ。

ナーダムを行う「場」がいわば大きなゲルに見たてられているという例は他にもある。ゲルの側壁を被うフェルトの下端を包むための木やフェルトのことを「хаяавч《ハヤウチ》」と呼ぶ。それが広義となり、ゲルの側壁周辺の場所を指すことばでもある。それが相撲の場において、相撲の記録などをつける責任者も「хаяавч《ハヤウチ》」と呼ばれている。そうした役割の人物は、相撲が行われる円形の周辺部分に座ることが常である。すなわち、相撲が行われている場は大きなゲルであり、その大きなゲルの周辺に座る記録係は側壁「хаяавч《ハヤウチ》」の名で呼ばれることとなるのである。

ナーダム祭当日、中央スタジアム周辺にでる出店で周辺は活気づく

②オヤチーン・ナーダムの事例

7月11・12日に本来のナーダム祭が行われた後、翌13日に「オヤチーン・ナーダム（調教師のためのナーダム祭）」が開催される。それは当日、相撲などの人気競技がスタジアムで行われる間、競馬に自らのウマを出場させていたり最後の調整をしているため、オヤチはそれを観戦することができないという理由からオヤチのために改めて開催されるものである。そのオヤチーン・ナーダムでは、ウランバートル郊外の草地で、オヤチのためにナーダム祭出場の力士たちが相撲を披露するという

オヤチーン・ナーダムでの力士のデウェー。オヤチーン・ナーダムは国旗の前で行う

ものである。１９９７年のオヤチーン・ナーダムでは、国のナーダム祭でベスト8に残った力士たち（シューブルフと呼ぶ）を含めた64名が参加し、また短距離（約２４００ｍ）の競馬も行ったという。

草原で観客が車座になったなかでの相撲はスタジアムで行われる相撲に比べモンゴル人にとって非常に親しみやすいらしく、オヤチはウマとともに（または、馬上から）観戦し楽しむ。ただ、規模は縮小されるとはいえ、オヤチーン・ナーダムは「お遊び」程度の催しではない。ナーダム祭が終わってからとはいえシューブルフ（ベスト８）の力士たちが一堂に会するというのは、モンゴル国内における力士の地位の高さを考えると、オヤチーン・ナーダムの権威を物語る。こうしてナーダム祭本番の相撲を楽しむことができないオヤチのために、改めてこうした大会を開く心情からも、オヤチが特別な扱いを受けていることが伺えるのである。すなわち、駿馬の能力を見ぬき、見い出し育て上げたオヤチに絶大なる賞賛が寄せられていること

試合前の力士が父親にマッサージをしてもらっている。これもスタジアムではなく草原でのナーダムならではの風景（オヤチーン・ナーダムにて撮影）

がオヤチーン・ナーダムの開催に見て取れるのである。

1-2　地方ナーダム

ウランバートルで行われるイフ・ナーダム以外でも、夏期には各地でナーダムが催される。県《アイマグ》や村《ソム》単位で行われるナーダムもあれば、政府機関の記念日に催されることもある。また、裕福な個人が主催するナーダムも見うけられる。今岡良子[1)]は85歳の女性の長寿を祝したナーダムが開催された事例を紹介している。

しかし1997年、バガバンディが大統領に就任すると地方ナーダムの自粛を通達している。その理由は、牧民がナーダムに気を奪われ本来の仕事に支障がでるからであるという。現在は、国の許可を得た地方だけがナーダムを開催できるというシステムになっている。また、その地方ナーダムもできるだけ7月11日、12日のイフ・ナーダムに日程を重ねるように指示されている。それはナーダム見学のため各地を転々と移動する牧民が多いため日程を重ね、それを防ぐ目的であるという。また、地方に車で移動しないように車の許可書の入手を困難にしてできるだけ牧民の流動を防ぎ、牧畜作業に専念できるように策をとっているのが現状である。

以下には、筆者が現地調査した地方ナーダムの2つの事例を挙げることにする。

①スフバートル・アイマグ、バルーンウルトの事例

以下の事例は、1995年7月19日に開催されたバルーンウルトのナーダム祭についてである。バルーンウルトはウランバートルより、南東約600㎞に位置する町である。

ナーダム祭は町のスタジアムで行われる。中国との国境に接するためか、オリンピック誘致運動の際に用いた北京オリンピックの旗がモンゴル国旗と共にスタジアムに掲げてあるのが特徴的であった。また、観客の中にも、北京オリンピックの帽子をかぶる人々をしばしば見かけることができ、2カ国間の交流が行われていることを物語っていた。スタジアムはウランバートルのナーダム・スタジアムよりは小規模ながら、入り口や招待者席など東西南北の位置関係はやはりウランバートルのスタジアムと同様であり、ここでも民俗方位は意識されていた。

スタジアムでは開会前より、スタジアムのフィールド部分で、バレーボール競技が行われ続けている。そうした中、9時30分よりいわゆる「近代スポーツ」をする生徒たち（バレーボールやサッカー、バスケットボールなど）の行進で開会式が始まった。生徒たちの行進の後、ラクダ馬車、モンゴル製の自動車各種（小型車、バス、トラック）、自転車、警察関係車、戦車などの軍関係車両などがトラックを一周する。この様子は資料の写真に取り上げたので参照い

バルーンウルトのナーダム開会式。荷馬車の行進の向こう側にはトラックの行進も見える

ただきたい。

その後、軍による行進などが行われ、さらには伝統的な舞踊が行われた。ウランバートルのイフ・ナーダムと比較すると、ここでのナーダム祭の開会式の様式は社会主義時代の形式を残しているという。特に、〝スポーツ〟競技をする生徒たちの行進や軍関係車の披露などは社会主義時代のナーダムの特徴だという。

午後の部は14時から始まる予定であったが、15時に再開され相撲が行われた。そのときには殆ど観客がいない状態であった。その理由として知人から説明をうけたところによると、モンゴルでは、午前11時ごろまでは積極的に日焼けするようにするが、それ以降、夏の日差しにあたると「毒」がたまるとされているという。そのため一番日差しのきつい時間帯にはゲルの中でのんびりとすごすことを好むようである。確かに、モンゴルの7月は日差しがきつく乾燥しているので、紫外線がきついのであろう。よって、観客がほとんどいないスタジアムでの競技となったようだ。現に、筆者と行動を共にしたモンゴルの知人もスタジアム周辺に点在するゲル（まったく一面識もないゲルに入ることは、モンゴルでは普通のことである）に入り、馬乳酒をご馳走になり、日差しをさけていた。

バルーンウルトでのナーダム祭は、開会式こそ非常に仰々しいものであったが、その他は非常に淡々と相撲が行われているという印象であった。イフ・ナーダムが出入りを規制され（出入口では警官が見張り、チケットの有無をチェックし、自由に行き来できない）、人々はしかたなく座ったまま観戦しているのと較べ、バルーンウルトのナーダムは、そうした意味で「開かれた」空間であった。日差しがきつければウマでゲルに戻り、また観戦したくなるとスタジアムに行く、こうした観戦スタイルをとっているようであった。モンゴル人の知人によれば、こうした出入り自由で常に移動が可能な空間はむしろ理想であり、ウランバートルのナーダムは逆に窮屈であるという。知人がいうには、こうした「気が向いたときに見ることができるナーダム」が本来であるという。移動することを是とし、一所に留まることを良しとしないモンゴル人の気質が感じられる事例である。

モンゴルの人々は、口々に「ナーダムを楽しみたいのなら地方ナーダムへ行け」という。しかし地方ナーダムは筆者にとって、一見、盛りあがりに欠ける淡々とした競技と見えるのである。それは筆者がいかにも商業主義に走った大げさなエンターテイメントを見なれているからかもしれない。こうした地方ナーダムの出入り自由の気ままな観戦スタイルはモンゴル人の気質に合っているということであろう。

②トゥブ・アイマグ、ナライハ・ソムの事例

1997年の7月10日と11日にナライハのナーダムが開催された。ナライハはウランバートルより約40~50㎞南東に離れた町である。かつては石炭の町として栄えたが、多数の死傷者を伴う大事故があり、その修理費が調達できなかったためそのまま閉鎖に追い込まれたところである。そのため廃墟となった建物が目立つ町である。ここでは、ナライハ出身の相撲や競馬のクラブや、役所から人選し、組織委員会をつくってナーダムを運営している。

1996年には7月7日にナーダムが行われ、競馬は5種類（2歳馬、3歳馬、4歳馬、5歳以上馬、種牡馬）が行われた。1997年から10、11日に日付が変更された。理由は前述した通り、バガバンディ新大統領の政策の影響だと考えられる。

1995年のナライハのナーダムは警察誕生60周年記念であったため盛大に行われたという。その時には、アブラガの称号をもつ力士バットエルデンも参加したことがナライハの人々の自慢となっている。この力士は軍のブフ（力士）・クラブ所属で警察との関連が深いため参加したという。アブラガの称号をもつ力士が地方のナーダムに参加することは非常にめずらしく、その年のナライハ・ナーダムの大きな呼び物になったという。

1997年では3種類の競馬レースと相撲が行われた。弓射は人数が集まらないので開催しないという。

まず午前中には2歳馬（ダーガ）、5歳馬以上（イヒナス）、種牡馬（アズラガ）による競馬レースが行われた。3種類の競馬には300頭前後の「競馬ウマ」が参加し130頭までが入賞したという。ここに出場するウマはイフ・ナーダムに参加するために調整を兼ねて競走しているものが大半であるという。比較的ウランバートルから近距離にあるので、各地からウランバートルに移動する途中のウマもナライハの競馬で調整方々レースに出場しイフ・ナーダムに備えるという。イフ・ナーダムの競馬は登録料がかかるが、ナライハの競馬参加は無料となっているため参加しやすくなっている。

また、イフ・ナーダムの競馬と比較し、鞍、鐙をつかわない参加者が多いという。万が一、騎手が落馬し、鐙から足が外れないと引きずられ命を落とすこともあるからだという。特に落馬するとウマが驚き、全速力で走るためより危険だという。以前はこのように鞍、鐙を使わない競馬が行われていたといわれている。イフ・ナーダムでは鞍、鐙を使うことが多くなっているが、ナライハのナーダムでは以前の形が多く残っているという。

午後1時からは開会式が行われた。軍隊やトゥブ・アイマグの楽隊の入場が行われた後、トゥブ・アイマグの役所長の演説が行われた。その内容は家畜の増加数や産業の状況を報告し、将来のアイマグの計画などであった。終わりには「苦しみに目を向けず、幸福を祈ろう」ということばで締めくくられた。こうした演説の内容は国家の政策を反映させており、イフ・ナーダムの大統領演説と同様の視点をもっているものと言えるであろう。

その後、ロケット花火が打ち上げられ午前中行われた競馬で優勝したウマの行進や力士の行進が行われる。また、実際には弓射競技は行われないが射手の男女4人が形式的に弓射する儀式が行われた。年々、人気がなくなりつつある弓射は競技が取りやめら

ナライハ・ソムのナーダムでの開会式での軍隊行進

れることも多くなってはきているが、やはり三種の競技が揃って初めてナーダム祭であるという意識が形式的にでも弓射を登場させた所以であろう。

そうして軍隊、楽隊が退場すると、「ツォム」と呼ばれるチベット仏教の仮面劇の仮面を被り行進しながら踊ることが行われた。これは、社会主義統制下では行われなかったことで、市場経済導入後に新たに加えられた催しだということ。社会主義時代はこの代わりに、歌舞団の舞踊が行われていたという。

その後、生徒によるダンスが行われる。これは郊外のホテルを借りきり、1ヵ月前より集中して練習されたものであるという。その後、女性による歓迎の踊りが行われる。手には「ハダッグ」と呼ばれる儀礼用の布を持っての踊りであった。その女性の中に帽子に大きな房をつけた女性がいるのであるが、それは皇后を表し、夫が亡くなった後、男性に混じり戦ったと伝えられる力強い女性を表すという。

それが終わると今度は子どもたちによるマスゲームが行われた。そうして男性のダンス、再び子どものダンス（リボンと旗のダンス）が行われた。これらの様子は写真において提示したので参照いた

ナライハ・ソムのナーダムでの開会式。生徒と女性による舞踊

だきたい。

午後2時からは馬頭琴の演奏と歌謡が行われる。その後、力士が入場する。総勢128人の力士が集合するが明日にイフ・ナーダムを控えているので、強い力士は参加しなかったという。参加した力士の最高位は「ナチン」の称号をもつ力士であったという。

相撲はイフ・ナーダムがスタジアムで行うのに対し、ナライハでは草原で行う。人垣で大きな円をつくりそこで相撲が行われる。それにはウランバートルなどからも観客が大勢見学にきているという。今年は第三病院の医師たちが団体で見学にきているという。それは、そもそもスタジアムで行う相撲は面白みに欠けるという理由であるという。スタジアムであるとゲートに見張りなどがいて自由に入退場を繰り返すことができない。しかし、草原では見たいときに見られる自由があるという。よって、本来の草原で行う相撲に思い入れがあるという。

2時50分より競馬の表彰が行われた。オヤチには優勝者にテレビと絨毯、2位にはテレビと小型の絨毯、3位には絨毯と靴であり、騎手の子どもには通学用の服であったという。

2　三種の競技の現在

2-1　相撲

寒川恒夫[2)]によると、相撲の取り組みの始め方によって立ち合い相撲と組み相撲に分類できるという。モンゴル相撲の場合は、前者の立ち合いから始める形態であり、その後、組み方をめぐっての応酬がなされる。また、相撲を行う空間や時間の制限はなく、よって両者の力量が伯仲している場合には勝負がつくまで長時間続けられることもある。勝負は額、肩、肘、膝、臀部、背中のいずれかの部位が先に地についた方が負けとなる。マイネル[3]が述べるレスリングの運動形態の3形態分類からいうと、立ち技から倒し、寝技をすることなく勝利する形態に入るであろう。ただ、手の平が地につくことは許されているので、例えば相手の足の裏を取る技や両手をついて足で相手の体をはさみ、倒す技なども可能となるのがモンゴル相撲の特徴といえるであろう。

不文律ではあるが禁じられている行為もある。モンゴルでは身体部位の中でも、非常に頭を神聖視するので頭同士をぶつけ合うことはしないという。頭を殴ったり、打ったり、触ったりすることも禁じられ、また力士は頭を地につけることもしないという。また、同様の理由で相手のジャンジン・マルガイ（帽子）を被ることはタブーとされている。

国家規模のナーダムでの試合は512人の力士で試合が行われることになっている。これら大勢の力士は一組ずつ取り組みを行うのではなく、スタジアムのあちらこちらで同時に何組もの取り組みを行う。

3回戦まではナーダム組織委員会が取り組みを決定することになっている。4回戦からは称号が高い力士から相手を指名することができる。称号が同レベル同士なら先にその称号を取ったものに選択権が与えられる。通常、自らが有利なように相手を選択するが、すでにベテランの域に達し、若者を育てる立場にある引退目前の力士であれば、同郷の若手力士を相手に選び、故意に負け、若手を次の回戦に進めてやる方法もしばしばみられる。

勝敗は原則的に力士同士の判断に委ねられている。負けた力士はゾドグと呼ばれるベストの紐を解く。これが負けを認めたことを表す行為である。それから勝った力士の右脇下をくぐる。ただし、両力士の称号に差があるときには勝敗に関わらず称号の低い方が高い力士の右脇下をくぐることになっている。もし、自分の負けを認めることができなければザソールと呼ばれる介添人の後ろに立つ。そうすると相手が再試合に応じるか、もしくは第3者（会場脇には審判がいる）によって勝負が判定されることとなる。

1回戦に勝った力士には国から銀製品などの記念品が渡され、優勝力士にはウマや車が授与されるという。また、最近ではスポンサーとなる会社から賞品が渡されることもある。また、出身アイマグからも賞金や賞品が渡される。

力士の服装はジャンジン・マルガイ（帽子）、ゾドグ（チョッキ）、ショーダグ（パンツ）、ゴタル（ブーツ）からなる。色は、青と赤が大半を占めている。もともとは、野生鹿（ヤマン・グルース）の毛皮を手でなめして作ったという。しかし、近年では絹製となっている。また、かつては肉親が縫ったというが、最近ではシャンダスという民間会社（モンゴル・オリンピック委員会ビル内、従業員8名）1社が独占で製作している。ただ、丈夫なものを作らなくてはならない理由から機械ではなく手縫い仕上げであるという。

ジャンジン・マルガイは特に丁重に扱われる。試合前に被っていたジャンジン・マルガイは、介添え人のザソールに渡され、試合が終わるとザソールによって被せてもらう。そこには称号を表すメダルが付けられ、試合業績をしめすザラーと呼ばれる赤い布がつけられている。そのザラーは、太いほど称号が高いことを示し、勝利するごとにV字の黄色いマークが縫い付けられていく。すなわち、力士のジャンジン・マルガイをみるとその力士の称号や対戦成績が一目で分かるようになっているのである。

ゾドグは長袖で背中部分が繋がり、大きく胸が開いた形となっている。その理由として昔、女性であることを伏せて相撲に参加していた力士があまりにも強かったので、女性を相撲から排除するために胸を開けたと伝承されている。ゾドグには首周り、手首、胸周りなどに縫い目(ホジフ・オエオゴール)がほどこされている。腹部で結ぶ紐は肝臓の紐と呼ばれている。引退する力士は自分の後継者と目した若い力士にゾドグを送るという習慣がある。

勝利した力士が旗の前でデウェーするところ
(ウランバートル中央スタジアムにて)

他には、ショーダグ（パンツ）、ゴタル（ブーツ）力士の服装となっている。ゴタルは、伝統的な民族衣装で用いるブーツと同様であるが、ただ、すべり止めの皮ひもがついているところが、力士独特のものである。

これら力士の服装をより正確に紹介するために、後ろに表3と図1を付したので、そちらを参照していただきたい。

ウランバートルで開催される国家のナーダム祭（イフ・ナーダム）の場合、ふつう512人の力士がトーナメント戦で相撲を行う。イフ・ナーダムの場合、5回戦を勝てば「ナチン（はやぶさの意味）」、7回戦に勝利すれば、「ザーン（象）」、優勝すれば「アルスラン（獅子）」の称号が与えられる。そのイフ・ナーダムに2度優勝すれば「アブラガ（巨人）」となり、3度の優勝で「バイン・アブラガ（常勝のアブラガ）」、4度優勝すれば「ダライ・アブラガ（偉大なるアブラガ）」、5度の優勝では「ダルハン・アブラガ（神聖な

A ジャンジン・マルガイ チンギス・ハーン時代の軍人の被り物という解釈がなされ、「国」そのものを表現するとされる。他国で闘っていたとしても、常に頭の上「国」が守ってくれていると意識しているという。したがって、慎重に扱われる。力士が被るときには、頭より小さいサイズが好まれる。それは、力士の特長とされる太い首やあごの張りが強調されるためであるという。	サンミン	一般には、青色。称号が上がれば金色になる。紐を結び合わせて玉状になっている。ガルビンドルと合わせて、炎と考えられており、上が青、下が赤をしている。硬く結ばれていることから、崩壊しない国家を示しているといわれる。サンミンから下に下りる5本の線は、金色をしており、「祖国へ繋がる、苦労をしない金色の道」を表象する。遠征に出たとしても、祖国へ無事にかえることができることを意味する。
	ガルビンドル	5片からなる。これは、チンギス・ハーン時代の行政単位である5つの「ホショー」を表現する。赤色をしているが、赤は、「民族の色」でもあり、また、炎の色でもあるため、炎のように、上昇して進むことを意味するという。
	チフ／サラウチ／オンジューガ	前後左右、4片からなる。左右はチフ、前はサラウチ、後はオンジュールガと呼ぶ。4片は、ハルハ（モンゴル国内で約70%以上をしめるマジョリティー集団）の4つのアイマグ（県）を示すという。称号をもつ力士は、ここにメダルを装飾する。
	ザラー	幅6cm、長さ40cmのものを2枚重ねて、マルガイの後につける。上のザラーには、国のナーダムで優勝した数をV字で入れていき、下は、勝利した数を示す。
B ゾドグ	エレグ・ブス	「肝臓の帯」という意味。腹部で結ぶ。
	ホジフ・オエオゴール	首周りや、手首などに縫い目を指す。現在は、単なる装飾になっているが、かつては、力士の勝利数を線で示した。数は、奇数がよいとされる。それは、「幸・不幸・幸…」と数えるので、奇数だと「幸」で終わり、縁起がよいとされ、古くからモンゴルでは好まれてきた。偶数の勝利数であれば、間に細かい縫い目の線を挟むなどして、奇数線を作るという。
C ショーダグ	腰、足の付け根部分を紐でしばる。	
D ゴタル	いわゆる「民族服」と共通のブーツ。力士は、そこにすべり止めの皮ひもをつけることが多い。	

表3　力士の衣装

るアブラガ）」となる。地方のナーダムでは、「アルスラン」までの称号は与えられるが、アブラガ以上は与えられることはない。これらの称号は一度与えられるとより上の称号になることはあってもランクが下がるということはない。

この称号は、着用するジャンジン・マルガイ（帽子）にメダルとして装飾される。モンゴルの力士は日本の相撲のように、いわゆる醜名を名乗ることなく本名で競技するが、称号はその本名に冠され呼ばれることも多い。こうした称号は力士の「強さ」の象徴であるのだ。

称号だけでなく、力士は家畜や動物のイメージを重ねられることが多い。例えば市民やマスコミなどから与えられるニックネームにもそうした特徴がある。例えば、アブラガの

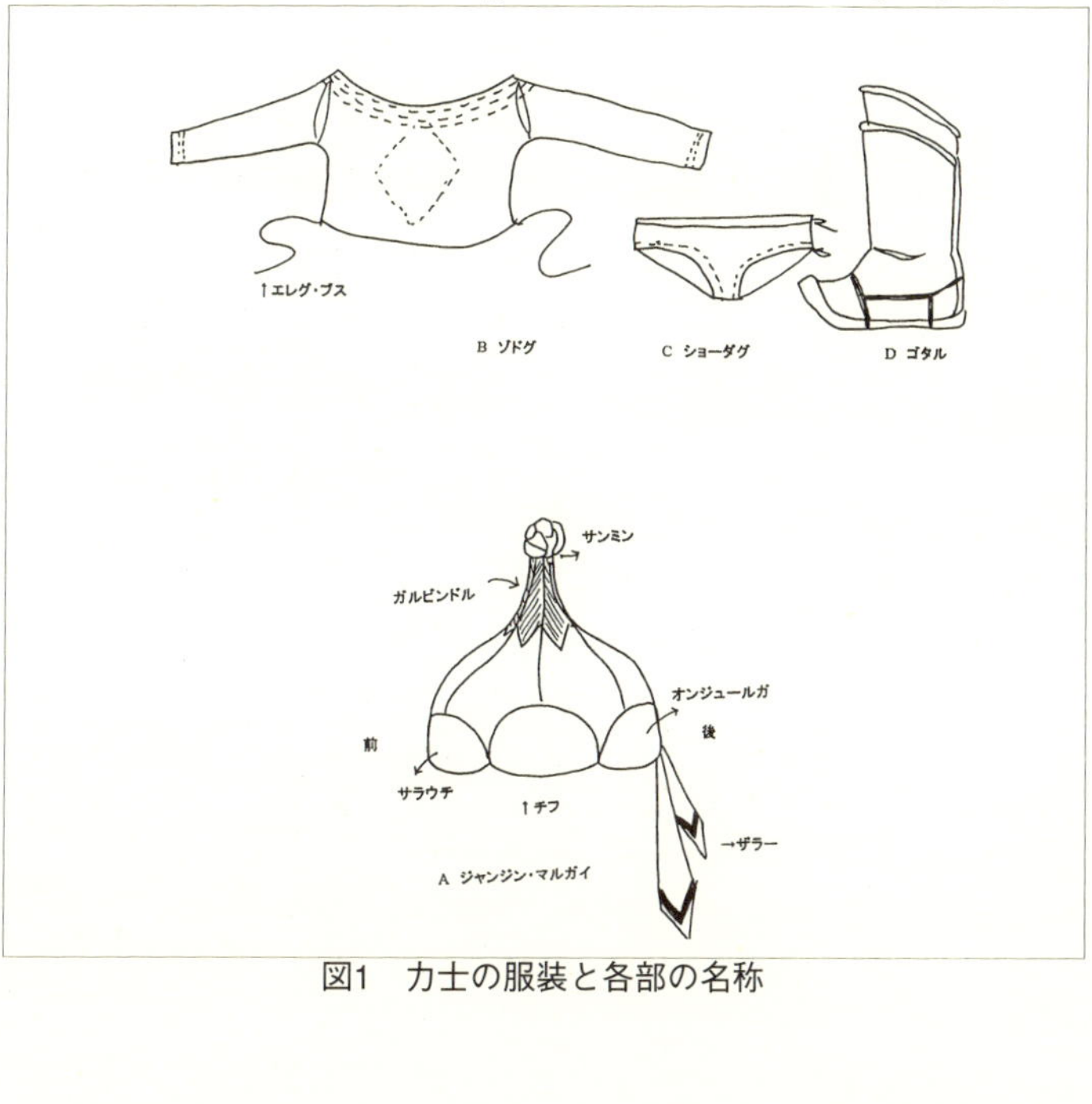

図1　力士の服装と各部の名称

称号をもつ、H・ジャンヤンは「種オスラクダのアブラガ」[4]と呼ばれている。彼は種オスラクダが繁殖期をむかえたときのような、荒々しい力をもっているゆえにその名が付いたという。また、力士の「シャワー」という動作（両太ももを手でたたく）は、ラクダが尾で自らの体を打つという動作を示す。こうした事例は称号と同様に、力士を象徴的に示す言語であるが、そこに動物の姿を重ね合わせているところが特徴的といえるであろう。

2-2　競馬

騎手は5歳から12歳くらいまでの少年少女が務め、表4に示したようにウマの年齢別にレースが行われる。1レースにつき通常300から400頭のウマが競走に参加するのが一般的である。まず、ゴール地点に出場ウマが集まり、ウマの歯の状態で年齢を確認し登録を済ませる。ウマの歯の状態は年齢を知る指針となり、ウマの年齢による呼び分けにも歯に関する語が使われている。

年齢別出場馬	競走距離	レースの特徴
6歳以上（イヒナス）	約 30km	イヒナスとは 6 歳以上（成馬）の去勢ウマの総称。ただ、6・7 歳のウマは、成長過程で重要な時期と考えられているため、実際、競馬に出場させることはほとんどない。一般に、8歳から再び出場させることが多い。
5歳馬（ソヨーロン）	約 25～28km	ソヨーロンは犬歯が生えるという意味。最も力が充実していると考えられる年齢。疾走中の砂埃をかぶったりレース後の汗をなめたりすると、1 年の幸福が約束されるといわれている。
4歳馬（ヒャザーラン）	約 20km	ヒャザーランとは乳隅歯が永久歯に生え替わる時期といういう意味がある。
3歳馬（シュドレン）	約 15～20km	シュドレンとは、乳門歯 2 本が永久歯に生え替わる時期という意味がある。
2歳馬（ダーガ）	約 10～15km	ダーガには「今年の最後は来年の先頭」という諺が伝承され、最終着のウマと騎手にも賞品をわたし、表される。去勢前の幼いウマの将来性に期待する配慮といえよう。調教完成後のレースというより、レースも調教の一部であるという感覚である。騎手も、体重の軽い幼い子どもが務める。
種牡馬（アズラガ）	約 25km	モンゴル国の牧畜文化においてウマは 2 歳で去勢されるが、そのときに種牡馬として選ばれたウマをアズラガという。このレースは、荒々しいものとなり、上記のソヨーロンとならび、人々の関心が集まる競走となる。去勢ウマがたてがみを切りそろえられるのに対し、アズラガは自然のまま伸ばした状態である。

表4　年齢別競馬レース

競馬は原則的に参加資格などはなく、一定の参加料さえ支払えば誰でも参加できることになっている。あらかじめ決められた時間がくると国旗を持ちウマに乗った役員を先頭に各ウマはその後に従う。そして、速歩きほどの速度で国旗のまわりを大きな円を描くように周るのである。参加するウマがすべて先頭に従い、円を描くようになると、次はゴール地点（гараа《バリア》）からスタート（бариа《ガラー》）付近までひと塊の集団となって移動する。そうして、スタート地点に着くと随時ウマを方向転換させ、もと来た道を競走するのである。中間地点（зурхай《ズルハイ》）では通過した証拠となる板を渡しチェックすることになっている。

前のウマを追い抜くときには左側から行うことになっている。ウマの左側は牧畜作業中も乗馬や搾乳のために人がウマに近づく方向であり、「正しい側」と呼ばれ重視されている。また、ゴールにおいて同着の場合も左側のウマに優先順位が与えられる。

ゴール地点では乗馬した係員が順位を記した木札をもって待機し、到着したウマの手綱をとり騎手に木札をわたす。そのことを「速馬をつかむ」と表現し出場ウマの上位6割が対象とされ、それ以外は着外となる。

また上位入賞5頭を「アイラグ（馬乳酒）の5頭」と呼び、アイラ

競馬ゴール付近。順位を書いた札を持った係員がゴールしてきたウマを捕まえる

グをウマの頭や背にかけ、ウマを称える詩（ツォル）がウマに与えられる。また、それを育てた調教師（オヤチ）を称えるツォルも吟じられ賞品が与えられる。近年では、騎手を務めた子どもにも賞品が与えられるようになった。ちなみに調査を行った１９９７年の賞品は１位のオヤチにはテレビと絨毯、２位にはテレビと小型の絨毯、３位には靴と絨毯、騎手には通学用の洋服が与えられ、ナーダム祭のメイン会場であるスタジアムにおいて表彰されている。

　牧民がすべて持ちウマを競馬に出場させるわけではない。特にウランバートルで行われるイフ・ナーダムにおいてはその傾向にある。地方で行われる競馬は競走距離も短いことが多く、比較的容易に出場させることもできるが、イフ・ナーダムでは地方で勝ちぬいた経験豊富なウマが集結するのが一般的である。それらのウマは競馬用に調教されたウマである。そうした競馬用にウマを飼育、調教する専門知識をもった牧民をオヤチと呼ぶ。オヤチは、ヒツジ、ヤギ、ウシ、ラクダなど他の家畜を牧畜する傍ら、一般的に父親や叔父などの血縁から、オヤチの技術を口伝で受け継ぐ。現在では、ウランバートルにある相撲学校（学長バインムンフ、１９９２年設立）で、相撲（サンボ・レスリング・柔道を含む）、弓射とともに、オヤチの技術を学ぶことができるようにもなっている。

競馬ゴール付近のデッドヒート

オヤチは一般の牧民と比べ多大な費用と労力が必要となる。さらに、首都ウランバートルから遠距離に居住する牧民が首都で行われるナーダム祭に出場するときなどは、その移動に半月から1ヵ月ほどの期間を要する。その間オヤチの所有する他の家畜は親戚や知り合いに預託し、その牧民の家畜と混合して管理をゆだねる場合もある。それには受託側の牧民に余分な労力を強いるだけでなく、他の家畜集団が一時的に混ざることで家畜同士の関係が不安定になるという結果を生む。特にウマ畜は、ワン・メイル・ユニット[5]という形態で牧畜されているので、他の慣れない個体が入ることにより激しい争いに発展することもある。その結果ウマが大きな傷を負い、その治療だけでも余分な手間がかかり、受託者の家畜だけでなく自らの家畜にも大きなリスクがかかることになる。筆者も、実際にナーダム祭のとき、他人に預けたために傷ついたウマにかまどの灰を塗り、治療するオヤチを見たことがある。

こうしたリスクを負ってまでオヤチが「競馬ウマ」を育てる理由は、優勝馬は後に高値で取引され、経済的に保証される場合があるからである。また、それにも増して、ナーダム祭に持ちウマを優勝させることは何よりも誇りである。上位の成績をあげたオヤチは、ナーダム祭においてもウマと同様に賛辞を受け、他の競技の力士や射手とともに国民的英雄になるのである。

こうしたオヤチの仕事の重要性は、モンゴル国の競馬がもともと鞍や鐙を付けず、裸ウマの競走であったことからも確認できる。現在では鞍や鐙を付

競馬ウマの調教師、オヤチ。胸につけているのはオヤチの称号に与えられたメダル

けたウマも多数出場するが、元来、騎手の技術を競うものではなく、ウマ自体の「長距離を速く走る能力」を純粋に競うものであったとされている。ゆえに、ナーダム祭で優勝し表彰されるのもウマとオヤチである。最近では、騎手の子どもも表彰されるようになってはいるが、優秀な成績はウマとオヤチの貢献が大きいのである。

2-3 弓射

弓射はもともと3本の杭の上に設置された3つの球を3本の矢で馬上から射る競技や、遠距離から小さな旗やウシの頭蓋骨を4本の矢でいる競技、ヒツジの皮を張った的を射る競技などがあったとされている。しかしそれらは、清朝時代に軍事教練的な色彩が濃いことを理由に禁止されている。

現在のナーダム祭では三種の競技の中で、人気が低迷している競技であり、地方や南モンゴルのナーダム祭ではすでに弓射を行わないところも現れ始めている。その理由としてはルールが複雑で分かりにくいことが言われている。また、弓射は特に親子などの血族のみにその技術を伝承する性格があるため後継者が不足しているとも言われている。そうした意味では「男の三種の競技」の伝統は崩れつつあると言ってよいであ

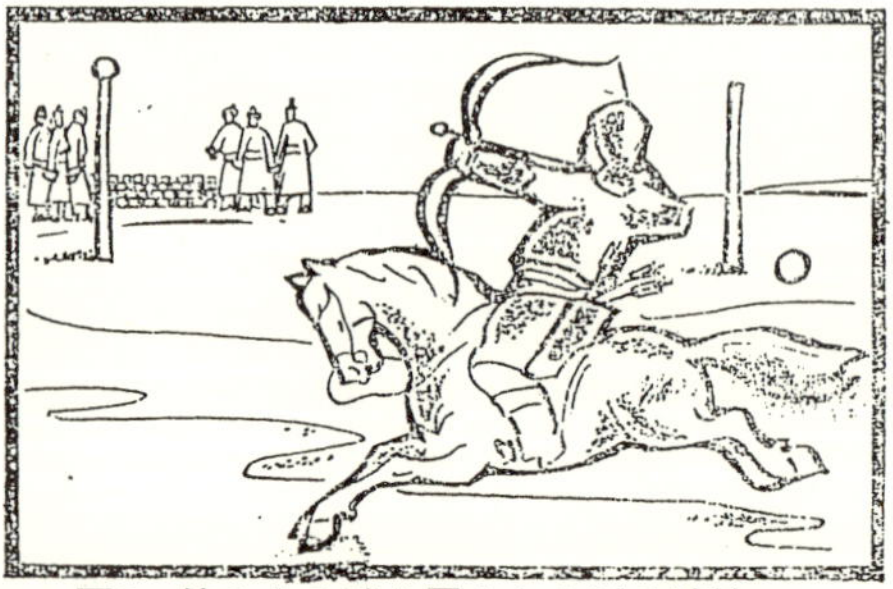

図2　杭の上の球を馬上から射る競技 6)

ろう。ただ、新聞『MONGOL MESSENGER』(1997.7.9)によれば、最近になって若い参加者が増えているとも伝えられている。

1997年のナーダム祭には200人以上の射手が参加している。その中で最も高齢の射手はD・ダンバという83歳の男性である。この他70歳代の射手も多数参加している。こうした事例からも分かるように、他の二競技に較べ、参加する年齢層に幅があるのがモンゴル弓射の特徴といえよう。

試合は成人と18歳以下に分かれて行われる。子どもは5歳から出場が可能である。18歳以下では年齢に3もしくは4を掛けた数(m)により距離が設定される。18歳以下の試合はナーダム祭に先駆け7月9日に行われる。

一方、大人の試合では男性が75m、女性は65mの距離から的を狙う。これは個人戦(チュワー・ハルワー)とグループ戦(バグ・ハルワー)に分かれている。

個人戦はさらに「ハサー・ソル」と「ハナ・ソル」とに分かれている。「ソル」とは的の意味である。これら2つの形態は的の形状に違いがあるのであるが、それは後述することにする。「ハサー」では男性は矢を20本、女性は16本、「ハナ」では男女とも20本の矢を放つ。矢を放つのは4人ずつ並

弓射競技の様子

んで行うのが普通であるが、初めの一矢はベテランの2人の射手、締めの一矢は若手の優秀な射手2人が射ることとなっている。

「ハサー・ソル」の競技ではひも状の馬皮を編んで、8cmの籠状（「ソル」と呼ぶ）にする。それを競技によって縦横に並べ的とする。2段を12列並べ、その両側に3個ずつ横にしたソルを置く。合計30個のソルを並べることとなる。

一方「ハナ・ソル」の競技は従来、ソルは360個並べていたようである。しかし現在はそれほど多くは並べず、せいぜい3〜6段にソルを並べる。そして従来のソルの代替物として現在では紐を渡している。その紐の中を射ぬけばソルに当たったものとみなす。紐は木の棒2本の間を渡されており幅約4m、高さが48cmとなっている。二木博史が1975年に刊行された文献によって「ハナ・ソルは120〜300個のソルを3層から6層に積み重ねたもの」[7]と紹介している。それから推察すると比較的最近まで、ハナ・ソルは紐を張らずソルを多数並べて競技を行っていたと考えられる。

グループ戦では年長者から順に射ることになっており、個人戦

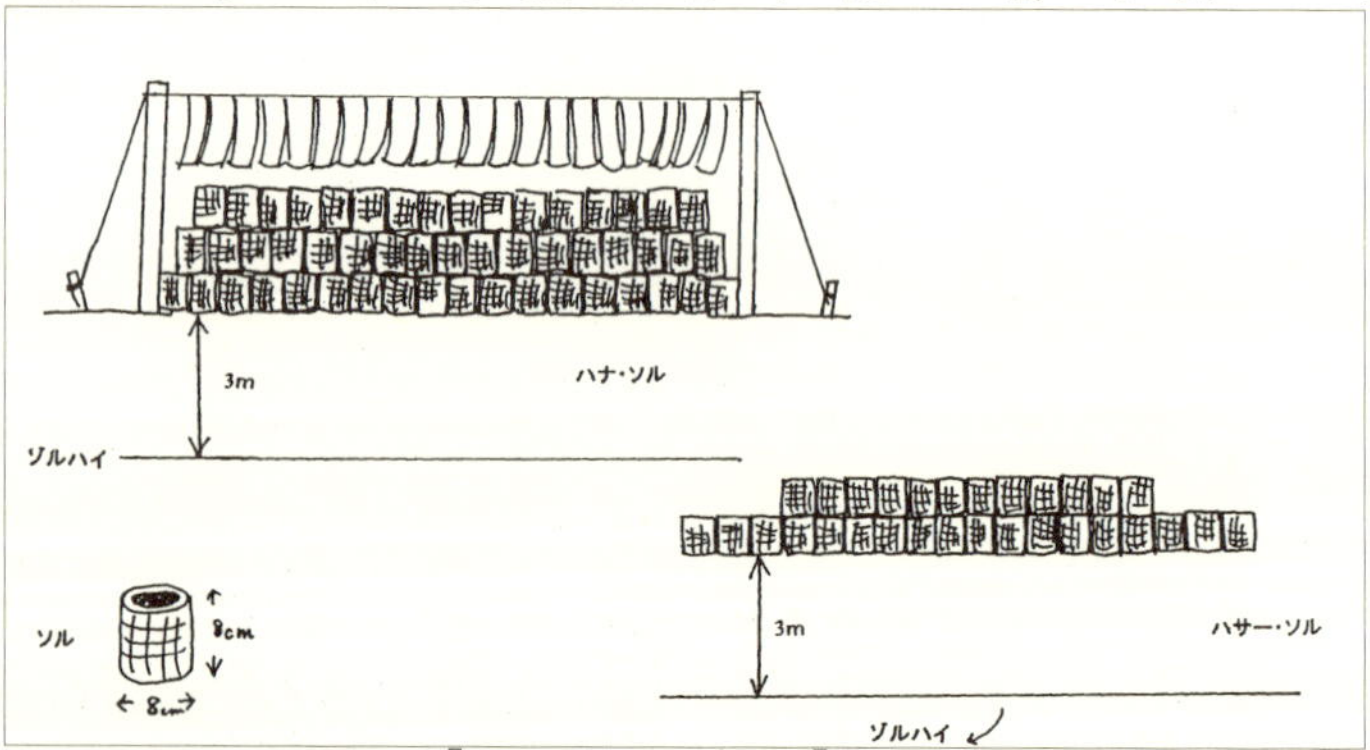

図3　「ハサー・ソル」と「ハナ・ソル」

よりも古くから競技されている形態だという。1グループは10名から12名となっており2グループの対抗戦である。各グループから一名ずつ2名が並んで矢を射り4射ごとに交代する。33の的を射たチームは次のラウンド（的がより困難な構成になっている）に参加する権利が与えられる。最もポイントが高いスコアーの1チームが優勝する。

スコアーの数え方は以下の通りである。まず的より3m手前にラインが設けられており、それを「ゾルハイ」と呼ぶ。点数となるのは、①矢が直接（地面に触れることなく）的に当たる、②矢が「ゾルハイ」を超えて地面に落ち的に当たるというどちらかの場合になる。積み上げられていたソルが、1つ崩れると1点と数える。矢がソルに当たったとしても、それが倒れるか、元の場所から動くかしないと命中とはみなされない。

的の両側には審判が数人ずつ縦に並ぶ。審判は選手が兼ねることになっている。そうしてこの審判が射手の成果によって歌（уухай《オーハイ》）を吟じるのである。審判が歌うオーハイには2種類あり、矢が的に外れた場合は両手を下で振りながら「成功を祈るオーハイ」を、的に当たった場合は「成功を知らせるオーハイ」が、独特の節をつけ両手を上にあげて吟じられる。また射手の後ろで、その成績を黒板に記録する係りが「黒板のオーハイ（サンバリーン・オーハイ）」

矢が命中した的の様子。矢取りが「当たり～」という歌を歌っている。

を吟じる。

モンゴルの弓は、「裏反り」がないことが特徴である。矢は弓の右に番える形となる。親指と人差し指のまたで矢の末端（枯）をはさみ親指で弦を引く。弦を引くときには親指に「эрхийвч《エレヘイブチ》」と呼ばれる指ぬきを着ける。また、服装はモンゴルの伝統衣装である「デール」を着用するが、その袖が邪魔しないように弓を持つ側の肘（右利きの射手の場合は、左肘）から先を皮製の紐を巻いている。競技するときには矢筒を前において、射位とすることが一般的である。

ウリャンハイ地方の弓はブルガス（бургас＝サルヤナギ）と呼ばれる木を加工していた。その他のハルハ地方などの弓はウシの角に竹などを重ねた。これを魚から作ったにかわで張り合わせて作る。これは13世紀頃（すなわちチンギス・ハーンの時代）から変化していないとされている。長さには１５０㎝から１７０㎝で3種類があり、身長に応じて選択する。弦は現在では糸を撚り合わせて作られているがかつては鹿の腱を用いていた。弦が張られていない弓は外側に湾曲している状態にある。

矢の長さは90から１１０㎝である。矢の柄はブルガスを使用している。やじりは野生鹿の角の付け根部分を用い、矢羽根はクロハゲワシのものを用いる。具体的な弓矢の形状および、その弓射方

的を狙う男性射手。デールと呼ばれる民族衣装を身につけている

法は、写真に示したので参照願いたい。

モンゴルでは、日本と同様に十二支で年を把握している。それが弓射競技の場合、特にそれが意識されている。弓射はかつての様式の多く残る競技とされているが、この十二支の事例もそのひとつであろう。例えばナーダムでの試合の場合、虎年生まれの射手によって開始されることになっている。虎は強さと勇気のシンボルであるという。また、それに使用される弓はねずみ年生まれの射手が持ち上げることになっている。小動物は勤勉でよく働くとみなされているからである。さらに、辰年うまれの射手は雄弁のシンボルであり、射手の栄誉をたたえる「マグタール」と呼ばれる歌を歌う役割を果すことになっている。

また、大統領など国の要人がナーダム中に弓射で儀礼を行うことが通例となっている。毎年、7月11日に大統領や議会の議長などが弓射をし、今後の国を占うという。例えば1997年においては議長が6度射たうち、4度命中したことで、国民はこれからの国の発展を約束されたと喜んだという。そもそも弓射はシャーマンによる占いと深い関係性にあり、ナーダム開始前にも今年のナーダム弓射競技でだれが優勝するかをあらかじめ弓射で占うこともするという。こうした弓射による占いは、モンゴル弓射の原初形態に起源があるものと考えられる。

弓射の試合は時間がかかるためナーダム期間中には終了しない。そのため、前日の7月10日から試合が始められる。それに備え、けいこは5月中旬から行われることが多いという。ナーダムの3種の競技は親族からその技を受け継ぐことが多いとされている。しかしその中でも、弓射はその傾向にあるという。よって一族全員が弓射競技に出場することはよくあることであるという。特に、その才能は血族間で遺伝すると考えられ、弓名人《メルゲン》の称号をもつような名人は生まれながらの才能があると考えられている。弓射が上手くなる条件は弓射競技が好きで練習をよくし、たとえライバルであっても弓射の技を教示できるような気持ちの余裕がある人物であるといわれている。

娘に弓射を教える父親。特に弓射は親子間で伝えられることが多い

3 ナーダム祭の「伝統の創造」

3-1 「歴史の始点」の創造――チンギス・ハーンの復活

1996年、政府はナーダムを「民族的しきたりに則った儀式」とすることをスローガンに、4000万tg[8]を出資し映画監督をコンサルタントとして据え「トリーン・スルド・オロショー」というプロジェクトを立ち上げる。このプロジェクトの名称は、「国家記章にご加護がありますように」という意味であり、まさしくナーダムを国家発揚の象徴として再編制しようとする試みである。このプロジェクトの資金でナーダム・スタジアムまで9つの幟（九柱国家聖旗）を運ぶ41匹の白馬の購入や、その馬の鞍や銀製の轡、馬体を飾る布の新調に当てている。その馬体に飾る布には「尊ぶべき国家の祭典」という文字が織り込まれたという。

政府が市場経済導入後の経済的困難[9]の只中にあって、プロジェクト資金の大半を41頭の馬に対して投資するのにはそれなりの理由があったと考えられる。共産主義時代には９つの幟の代わりに国旗がその役を担っていた。それを軍の兵士が市内のスフバートル（人民革命の英雄の名）広場から、ナーダム・スタジアムまでをパレードしながら運び、その到着を待ってナーダムが開催されていた。しかし、96年以降には国旗に代わって、白馬の毛束を先端に結わえた九柱国家聖旗を登場させている。その幟は共産主義崩壊以降、意識的に民族の象徴として復活させようとしているチンギス・ハーン統治時代のシンボルである。その幟をこれもまたチンギス・ハーン時代の装束を身にまとった人物が馬に乗り、スタジアムに運ぶという演出をするのである。ナーダム競技者は、チンギス・ハーンの幟の台座に額を付け、競技前の祈りをささげる行為が開会式でみられるようになった。

モンゴルのマイノリティの間では自らの民族の出自をフンヌの民であると考えているようである。しかし、こと「建国」の起源となると、やはり１２０６年のチンギス・ハーンの元朝国家を想定す

スフバートル広場から、ナーダム会場（中央スタジアム）までの旗の行進。白い房はチンギス・ハーンの時代のものだと言われている（ウランバートル、イフ・ナーダムにて撮影）

るようである。すなわち、モンゴルに住む大半の人々がチンギス・ハーンを祖先として意識しているということであろう。こうした背景から、民族統合、そして建国のシンボルであるチンギス・ハーンの復活という国家的事業が成り立っていると考えられ、その一環としてナーダムの場においても政府によって演出されたものと思われる。

例えば、ナーダム競技の一つである競馬でも、チンギス・ハーンの復活を試みている。これまでの競馬の疾走コースはウランバートル郊外のボヤント・オハーと呼ばれる草原であった。しかし、ボクトハン山を周回するコースへと変更する計画が進行しているという。このボクトハン山は、17世紀に「7旗ナーダム」と呼ばれた当時に疾走していたコースである。「7旗ナーダム」とは7つの領地が連合してナーダムを行うという意味であるが、それはチンギス・ハーン直系16代ゲレセンゲの7人の子どもが持つ領地であるとされている。ここにおいてもモンゴル国がチンギス・ハーンの子孫の国家であるということを強く意識されていることが分かるであろう。

すなわち、ナーダム祭の「歴史の始点」をチンギス・ハーンに求めようとする動きが近年、活発になってきているということである。これは、国家をあげてのプロジェクトの一環でありナーダム祭が新たな意味付けによって開催される転換点といえるであろう。

3-2　アイデンティティをめぐる同一性と差異の連鎖——新たな「主体」設定の裏で——

一方、ナーダムでのチンギス・ハーンの復活は、皮肉なことにモンゴル国内での国民の分断をもたらす危険性をはらんでいる。現在モンゴル国では70％以上をしめるハルハとよばれる人々のほかに、約16の少数派集団が存在すると言われている。首都ウランバートルで行われる国家規模のナーダム[10]では、このハルハの人々のルールを統一ルールと定め[11]相撲などの競技を行っている。その上、チンギス・ハーンを拝するナーダムの動向は国内のマジョリティであるハルハ化のさらなる強化に繋がることとなるのである。そうした流れにチンギス・ハーンを自らの祖先と考えないトルコ語系のカザフの人々などは、ハルハ化が進むナーダムとは別の「ナオリズ」とよばれる祭をさらに近年活性化させ独自のルールで相撲を行い始めたという。また、国内西部に居住するオイラートの人々は「ボフ・バリルダーン（種牛の相撲）」と呼ばれる独自の様式での相撲大会を復活させ、ハルハへの対抗意識を明確にしたという。

民族統一を意図したチンギス・ハーンの「伝統」の復活は、モンゴル国にとっていわば民主化の「解放」の象徴である。共産主義時代に宗教はおろか、英雄さえも存在が否定されてきた中、当然のごとく、チンギス・ハーンの存在自体が否定されてきた。そうした人々にとって、ナーダムにチンギス・ハーンの肖像を復活させたことは自らの民族の「誇り」を取り戻したことと同義である。しかし、その象徴は国家内で新たな主導者を立ちあげ、それに排除されるマジョリティを作り上げるという、民族間での新たな対立を生むという皮肉な結果となったのである。

3-3　「モンゴルらしさ」演出のディレンマ――西欧化と民族統合にゆれるナーダムの観光化――

ナーダムの現在に、民族の統合そして建国のシンボルを意図したチンギス・ハーンの復活がみられることは先に述べた。そうしたモンゴル文化の固有性の確立と主張は、国外からの旅行者を期待する「モンゴルの観光化」にとっても有効に機能することとなる。「観光」をひとつの国家再建の柱に掲げるモンゴルでは、外国人観光客に向けてチンギス・ハーンの肖像を描いたモンゴル・ウォッカや絨毯などを土産物として生産し始めた。また、ナーダム祭も観光資源のひとつであることは確かである。モンゴル国では冬季などは零下40度まで気温が下がるほどの自然環境が厳しい土地柄であるので、夏期がもっとも過ごしやすく、観光客を見込める唯一の貴重な時期である。その夏期に開催されるナーダムは、時期的にも非常に重要な集客資源であるのである。

ナーダムの開会式の祭典では、以前よりパラシュートによるパフォーマンスが行われており、特にヨーロッパからの観光客に人気である。そのパフォーマンスにおいて1998年より新たに企業の名を入れた旗がパラシュートに加えられるようになった。その企業の名はモンゴルで共産主義時代から続く最大手の旅行業社であるジュールチン社のものである。ジュールチン社は海外からの観光客のツアー企画を一手に引き受ける企業である。こうしたコマーシャルを踏まえたパフォーマンスの演出は、ナーダムがモンゴルにおいて有力な観光資源として位置付けられたという側面を如実に表しているといえるだろう。さらに、ナーダム・スタジアム入場料もドル払いでしか購入できない外国人専用料金が設定され、スタジアムの一等席に外国人専用エリアを設け外貨獲得の資金源としてナーダムに期待をかけている。

そうした状況下で、ナーダムという場でのチンギス・ハーンの登場は、国外へ向けて「モンゴルらしさ」を強調する手段としては有効であろう。この場合においてはナーダムの観光化と国内に向けての民族統合の二つの意図は、チンギス・ハーンのシンボルのもとで利害の共通をみたのである。

ここでひとつ確認しておかなければならないのは、ナーダムにおけるチンギス・ハーンの登場は、近年の新しい試みであるにもかかわらず、しかし、主催者側にとっては「伝統の復活」を意図しているという点である。筆者が行ったナーダム組織委員などへのインタビューでは、ナーダムの現在の新たな試みを「伝統の復活」と呼んでいる。「いつのころから行われている伝統なのか？」との問いには、決まって「チンギス・ハーンの時代から」という答えが返ってくるのである。ここで重要なのは、現在のナーダムの変化が実際にチンギス・ハーンの時代に行われていた伝統なのかという真偽にあるのではなく、チンギス・ハーンを起源と規定することに意味があるのである。新たな試みも彼らにとっては、あくまでチンギス・ハーンの起源に立ちかえる「伝統」に即したものであり、アイデンティティ形成のため、文化の個別性を主張するものであるのだ。

そうした意図は競技ルールの「伝統」を「保持する」形となって表面化することもある。例えばナーダム組織委員へのインタビューによると、観光客とテレビ放映などの現代的ニーズに答えるため、相撲の取り組みの時間制限を設けるかどうかの議論が持ちあがったもののこれまでのルールを保持している。土俵がなく、また手のひらをついても負けにならないモンゴル相撲では、長時間の組み手争いと技の応酬が繰り返され、時には5時間以上に渡る大相撲が行われる。しかし、これがいわばモンゴル相撲の醍醐味であることから時間制限なしのルールの存続を決めている。しかし「異郷において、良く知られているものを、ほんの少し、一時的な楽しみとして売買する」[12]観光客には見学の時間的制限があり、この相撲の醍醐味はむしろ退屈で満足のいく観光パフォーマンスに成り得ない要素を含んでいる。バー・ボルドー[13]はこうしたモンゴルのナーダムを観光に抵抗する文化として捉え、これが一つの観光化のモデルになる可能性があるという卓見を示している。

確かに現地の人々が楽しむイベントに、そのまま観光客が参加する形態が観光化の理想だ[14]と、観光人類学の立場からも指摘されている。そうであるならば、ナーダムは積極的に観光客におもねることを拒否し、ナーダムの醍醐味をそのまま保持することで新たな観光化モデルを提出することができるであろう。そうした意味では現在のナーダムの様式は大いに評価されるべきであろう。

ただ、これを観光への抵抗としてみることもできるが、ナーダムを国民文化として演出するため民族色重視の儀礼として成立させたい政府が、「観光化」も同時に成功させたいという引き裂きにあっているようにも筆者には見える。ナーダムの醍醐味である文化の独自性の主張が、観光という合理的・近代的論理でその基盤を揺るがされていることに注目したい。こうした状況は、相撲の独自性を主張することと、自由経済が支配する世界で観光資源として合理化・一般化することが、共存しないということであり、その狭間でゆれ動くナーダムの苦悩も見えるのである。

共産主義時代には相撲に時間制限はなかったものの、長引く相撲の試合は権力者の一声で終了しなくてはならないものであったという。現在においては特定の人物の権威によって試合が決定されることからナーダムは解放された。これは民主化が競技する身体を解放したことに通じるだろう。しかし、観光化やテレビ放送という新たな近代的媒体によって、ナーダムにおける独自性の存続の是非が議論されているのである。筆者が面接調査したナーダム組織委員は、「将来、テレビ放映や国内要人および外国人観光客のために相撲の時間制限を実現させなければならないだろう。もはや、相撲は政府の活動の一環なのだから」と答えている。

共産主義が崩壊しモンゴル国は新たな世界に投げ出されたかたちになったが、国家の一体性を確立・主張するためにそれが観光化と結びつこうとも、ナーダムの「伝統」的ルールの厳守は必要なものであった。しかし、その投げ出された世界は外国人観光客が求める合理化された時空間が支配する「近代化」もしくは「西欧文化化」された世界であったことが、ナーダムの〈現在〉のより大きな戸惑いになっているかもしれない。

その変化を如実に表す事例がナーダム祭の回数の数え方である。98年のナーダム以前には、1921年の人民革命を記念して翌年第1回大会を催し、それ以後数を増やしてきた。しかし96年の75回ナーダムを最後にスタジアムの看板は「1997年ナーダム」と書きかえられたのである。すなわち、ナーダムの起源を人民革命に設置していたのを、それを西暦に書き換え革命色を払拭しようとしているのである。当然のことではあるが共産主義から脱したとはいえ、ナーダムの歴史を西暦とともに考え始めたわけではない。むしろそれを拒否している感もある。モンゴルの友人から、「どうして日本はアジアの国なのに、旧暦の正月を祝わずに西暦での1月1日を正月として祝っているのか」と、不思議そうにたずねられたことがある。彼らは特に民族的な文化の解放があって以来、旧暦を大切に考えているようである。しかし、ナーダムの数え方に突然西暦を採用するところに、無意識の内に西欧世界に投げ出され、組み込まれているモンゴルの姿が見える。彼らは西欧化を選択したわけではない。世界化された西欧文化が彼らを飲み込んでしまっているのかもしれない。共産主義の放棄は西欧文化にとりこまれることと同義であり、それらが彼らモンゴル人の意識できないところで直結している。そこにナーダムの伝統の保持と観光化への志向が、複雑な二重性をもって現れてきているのではないかと考えられるのである。

4　まとめ

本章では、ナーダム祭の現在と変容を考察するためにまず、現在のナーダム祭をできるだけ詳細に記述することから始めた。首都で行われる国家規模のイフ・ナーダムならびにオヤチーン・ナーダムは、年に一度の祭典として、国民の最大の関心を集め開催される。イフ・ナーダムが行われるナーダム・スタジアムは近代的な建築物であるにも関わらず、そこにはモンゴルの民俗方位の観念が息づいていることについても触れた。一方、地方ナーダムにおいては社会主義時代には国家の政策の一環として小規模ながらも盛大に行われていたことに較べ、現在は縮小化の一途をたどっている。ここにもモンゴル国の経済的困難の一端が見て取れるのである。そうした地方ナーダムは観光資源として注目されるイフ・ナーダムよりも、より社会主義時代の様式を残しつつ――例えば、マスゲームや軍車両の行進など――行われている事例についても提出した。

そうしたナーダム祭で行われる三種の競技について事例を提出したのが次節であった。ここでは各競技の勝敗を決する部分――相撲であれば取り組み、競馬であればウマの競走、弓射であれば弓で的を射るという競技行為――だけではなく、その周辺にある文化なども合わせて記述するよう努めた。

具体的には、相撲においては力士のコスモロジーを体現する服装や試合前の「舞」、力士において与えられる称号などを出来うる限り詳述した。競馬ではウマの身体の左側が「正しい側」であるということ、ウマの汗や砂埃に対する信仰などを明らかにした。弓射では十二支信仰を背景として、開始の一矢目を射る役、弓の持ち役、マグタール（歌）の歌い手など、それぞれの役目が決められていることについて述べた。

勝敗を決する競技行為だけでなく、こうした競技行為の周辺に存在する身体も含めて、本研究では「スポーツする身体」について考えてみた。そうした意味において、ナーダム祭の現在における「スポーツする身体」が明らかになった。

ナーダム祭の現在、およびその中の「スポーツする身体」を明かにした上で、「伝統の創造」はどのように行われたのかを記述したのが3節であった。現在、モンゴル国ではチンギス・ハーンを文化的英雄として復活させている状況にあるが、ナーダム祭でもその例外ではない。主催者は開会式行進の服装、国旗に代わる旗など、チンギス・ハーンをナーダム祭の象徴として演出しているのである。これは社会主義以前の伝統に立ち戻ったというより、現在における「伝統の創造」であるという。しかし、こうした「伝統の創造」は新たな主体を立ち上げることとなり、チンギス・ハーンに同調できない人々が反発を強めているという現状にある。民族統一を意図した政府の思惑は、皮肉にも民族間での新たな対立を生むという結果になったということである。

こうした政府の意図する「伝統の創造」はナーダム祭の観光化にも有利に働くという一面がある。民族統一を意図した「伝統の創造」は観光客が考える「モンゴルらしさ」とイメージが重なると考えられるのである。「チンギス・ハーン」――これはモンゴル人にとっても共有できる重要な心象風景と成り得るだろうし、国外の人間にとってもモンゴルを象徴する典型的なイメージそのものであろう。しかし一方で、モンゴルの人々のみずからの「ナーダムの楽しみ」と時間制限のある海外観光客の期待との間で齟齬をきたす部分が存在するのもこれまた厳然たる事実である。そうした中ナーダム祭は、「観光化」という自由経済が支配する世界と、モンゴルの人々が考えるナーダム祭の醍醐味との間で複雑にゆれ動く姿が垣間見られる。

註および引用・参考文献

1）今岡良子　一九九五「1995年、市場経済移行後の『ウーリン・トヤー』共同組合～バヤンホンゴル

県東ボクト山チェルゲルにおける調査報告〜」『モンゴル研究』　一六 二二〜三七頁
2) 寒川恒夫 一九九五 『相撲の人類学』 大修館書店 四三頁
3) マイネル 一九八一 『スポーツ運動学』（金子明友訳） 大修館書店
4) Ц. Гэлэгжамц 1993 〃Буур аварга(雄ラクダのアブラガ)〃Цэцэрлэг хот
5) 1頭の種牡馬が数頭のメスと去勢畜でサブグループをつくる形態。そこで生まれたメスは、種牡馬によって他のグループに追いやられ、親子間で交尾が行われない構造になっている。そのサブグループがいくつか集合して、ひとつの馬群となる。
6) Д. Балдандорж 1976 〃сурын харваа(弓矢の能力)〃Улсын хэвлэлийн газар
7) 一九七五 『モンゴル人民共和国ナーダム 騎馬民族のスポーツ祭典』 ベースボール・マガジン社 九一頁
8) 当時のレートでおよそ570万円。
9) 実際、共産主義時代には援助されていた地方主催のナーダムは、現在、経済的理由から援助が打ちきられ、開催が困難になっている。また、地方の自治体主催の小規模なナーダムも、夏期にそれぞれの日程で行われていたが、1997年から首都ウランバートルで行うナーダムの日程に重ねるように大統領からの通達があった。共産主義政権下でのナーダムでは、地方のナーダムにもそれなりに国からの援助はあり、数多く行われていたが、現在では許可を得た地方だけが、国家規模のウランバートルでのナーダムと日程を合わせて行うようになった。それは、ナーダムを首都と地方で異なった日程で行うと、国民が本来の仕事（ナーダム競技は、プロが行うのではなく、本来牧畜や役所の仕事がある）を怠り、各地のナーダムに参加・見学することを回避するためであるという。ナーダムを、国民に経済安定化を促す「場」として利用するその一方で、そのナーダム自体を縮小、統合しようとする動きが見うけられるのである。

10）ナーダムは夏期にモンゴル国内各地で行われている。首都ウランバートルでは、国家規模のナーダムが行われ、より小規模な自治単位で行われたり、軍などが主催するナーダムなども存在する。

11）ただし弓射競技では、オリャンハイ式とブリヤット式が1997年から採用されている。二つはおもに弓射競技が盛んな場所で、近年弓射競技の人気の衰退に歯止めをかけるための対策であるとされている。

12）橋本和也　一九九九『観光の戦略―文化の売り方、売られ方』世界思想社

13）バー・ボルドー　一九九九「観光に『抵抗』する文化―モンゴルのナーダム―」『体育の科学』七～四九杏林書院　五五八～五六三頁

14）橋本和也　一九九六「フィジーにおける民族文化の演出―新たな〈観光文化〉の可能性を求めて」『観光人類学』（山下晋司編）新曜社

結論

20世紀は「移動の時代」であるといわれている[1]。交通手段の発達だけでなく、産業化が農村から都市へと人々を移動させるのである。都市への移動は、人々にとって「旧来の共同体的生活からの『離脱』を、過去や出自といった『自然的』拘束からの『解放』として」[2]受け入れられるようになることだという。西谷修によれば、そのような現象は19世紀にはヨーロッパだけのものであったが、20世紀にはそれが世界的に拡大するようになったという。

さらに西谷は、そうした「移動の時代」であればこそ国家や民族の神話がふたたび担ぎ出され、そこによりどころを求めるだけでなく、その価値を原理に、社会を再統合しようとすると述べている。しかし、それは混乱と抗争しか招くものではないという。もはや、アイデンティティは不変の実体への帰属ではなくなっている。移動の時代の「アイデンティティとは、どんな単一の起源や本質に還元されるものでもなく、それ自体複合的なものとして形成され、そのつど編みなおされる帰属のバランス」[3]であるという。

モンゴル国の民主化もまさにそのような「移動の時代」に起ったものであった。そうした世界規模の視座はナーダム祭の現在とも無関係ではないであろう。ならば人々がナーダム祭の何にアイデンティティを置いているのかという研究よりも、むしろそのアイデンティティの「編みなおされ方」を問題にしなければならないということではないだろうか。

そうしたナーダム祭の「編みなおされ方」への問いを、本書では「スポーツする身体」が想起する〈記憶〉——多元的、重層的な身体観——を読み解くことで理解しようとした。それが本書の目的であった。その目的を考察するためにナーダム祭の基層にある文化はどのようなものであるのか、それを明らかにすることから本研究をはじめた。

そこでまず、モンゴル相撲の技名に注目し、それがどのような「内側の視点」によって名付けられているかを明らかにした。技名とは相撲の動きをことばによって〈記憶〉することであると換言できるであろう。そうした前提にたてば、その技名に注目することは人々が相撲の動き――スポーツする身体――をどのように〈記憶〉しているのかを明らかにすることになると考えられる。以上の考察の結果、技名に家畜の動きや牧畜作業との共通の語彙を採用するなど、遊牧民独特の世界観が反映されていることがわかった。モンゴルの人々にとって相撲の動きへの視線は、彼等の生活世界そのものへの視線と重なるのである。つまり、本章で明らかになったのは、人々が生活世界を相撲の技名に反映させながら動きを〈記憶〉しているということである。加えて、そうした相撲の動きに宿る〈記憶〉は「相撲する身体」によって常に想起されるものであるという〈記憶〉の特性についても言及できた。

続く第五章では力士の身体に着目した。ナーダム祭は市場経済導入後、力士の身体に対して様々な新しい意味付けをおこなってきた。しかし、力士の身体はそうした意味を書き込まれるだけの媒体だけではないと考えられる。逆に、力士の身体が人々の〈記憶〉を喚起する場合もあることを明らかにしたのが本章であった。たとえば、力士が舞うデウェーが、それを見る人々の〈記憶〉を喚起させ、結果、ハンガルディーという言説を生んだと考えられる。その〈記憶〉とは、自然と連続性をもつ力士の聖性に関するものであると考えられ、それが相撲文化の基層にあるのではないだろうか。加えて、力士の「舞う」という行為——「相撲する身体」——が、「想起の歴史」を作り上げ、それが人々の〈記憶〉として形成されていく可能性を示した。

そうして第六章においては、競馬ウマの聖性過程に着目する論考を行った。本章では、「競馬ウマ」に関する鑑定法、調教法を詳述することによって、「競馬ウマ」の聖性過程を明らかにした。結果、シャーマン的性格を有すると考えられる「オヤチ」が調教するゆえに「競馬ウマ」は神格化することが明らかとなった。「競馬ウマ」の聖性の付与は、モンゴルの暦に位置づくナーダム祭のサイクルに規定されている。また、そうして神格化された「競馬ウマ」は「オボー」の祭りに捧げられる「供犠獣」としての側面を持つと考えられるのである。そうであるならば、一年に一度ナーダム祭を繰り返し、競馬競技を行うことで神聖化した「競馬ウマ」の供犠の反復をすることになるだろう。近年、競馬も新たな様式に再編制されているが、しかし、「競馬ウマ」の聖性過程には「オボーへの祈り」が堅持されており、それが競馬の重要な基層文化として存在しているということが考えられるのである。

第七章ではモンゴルにおける最古の文字史料とされる『元朝秘史』を取り上げ、そこに記述されている弓矢について論じた。『秘史』において弓矢は、呪具として取り上げられており、それを携えた身体を重要視する記述が見うけられた。そのことから弓名人《メルゲン》はかぎりなくシャーマンの姿と重なることが導き出せた。そうであるならば現在の弓射競技においても、競技のわざの背景にシャーマン的な力の発現を見取っているのではないかと考えられる。そうした意味で弓射競技は的を射る技術を判別するだけの装置ではなく、人知を超えた力を持ちうる弓名人《メルゲン》の資質を競っているともいえる。そうした競技へのまなざしは、『秘史』の時代から現代に到るまで、人々の〈記憶〉に息づいているといえるのである。

第七章では弓射競技のシャーマニズムを背景とした呪術性に関わる〈記憶〉を、ナーダム祭の基層にある文化として提出した。

以上の考察より、ナーダム祭における基層文化には以下のような〈記憶〉が存在すると考えられる。第一は相撲の動きに宿る生活世界、第二には自然と連続性をもつ力士の聖性、第三には、「競馬ウマ」の聖性、最後に弓射競技における呪術性である。これらのナーダム祭競技の〈記憶〉は毎年繰り返し行われるナーダム祭において、「スポーツする身体」――相撲、競馬、弓射を行う身体――が常に想起していると考えられる。そのことがナーダム祭を毎年心待ちにし、心のよりどころとする人々の思いを支えていると考えられるのである。

では、このような基層文化はどのように更新され、生成されて、現在のナーダム祭を形成しているのであろうか。最終章では基層文化とナーダム祭の現在が抱え持つ新しい局面への展開との関係性について明らかにした。

現在のナーダム祭は経済上の問題から地方のナーダム祭を縮小化し、首都のナーダム祭（イフ・ナーダム）に一本化しようとする動きがある。そうした結果、首都のナーダム祭は国家にとっても重要視されることとなり、それに付与される意味も複雑化することとなる。ゆえに競技ルールや競技様式にも、大きな変化がおこっているのが現状である。

そうしたナーダム祭にみられる変化は、国家によるいわゆる「伝統の創造」という形で現出することもある。本論では事例として、「チンギス・ハーン」を新たな「ナーダムの歴史」として想定し、その価値を原理にモンゴル国民を再統合しようとするナーダム祭の姿について記述した。開会式における行進の服装、国旗に替わる9本の旗、競馬の競走ルートなど、ナーダム祭においてチンギス・ハーンは新たな国民のシンボルとして登場することとなった。そうした「伝統の創造」は、ナーダム祭の基層文化——ここでは民族の英雄チンギス・ハーンの〈記憶〉であろう——を更新するかたちで国民の新たなアイデンティティのよりどころとして据えるものであったと考えられる。ここには、チンギス・ハーンを主体に据えるナーダム祭によって国民統合を遂げようとする政府の意図が見うけられた。

しかし一方、そうした歴史の「主体」を想定することは、新たなマイノリティーを生み出す装置ともなる。「チンギス・ハーン」という英雄のもと、それに同調できる人々とそれに身をあずけられない人々との間に新たな分断を起すこととなる。様々な文化的、社会的、歴史的、宗教的背景をもつ人々が居住するため重層的で複雑な民族問題を抱えるモンゴル国家において、国民統合のための一元的な「伝統の創造」——すなわち近代の〈集団的記憶〉の想定——は困難を伴うのである。

また、市場経済導入後のモンゴル国にとってナーダム祭は、外貨獲得の手段となりえる観光資源

引用・参考文献一覧

1．日本語文献（五十音順）

青木信治　一九九三『変革下のモンゴル国経済』アジア経済研究所

天海謙三郎　一九九八『モンゴル国の実像』東洋経済新報社

池上俊一　一九四〇「清朝の文献より見たる蒙古の相撲―布庫―について」『蒙古研究』（蒙古研究会）二～五

居在家義昭・山内和津　一九九二『歴史としての身体』柏書房

市川　浩　一九九六「モンゴルの家畜管理」『熱帯畜産研究会報』3(1)（熱帯畜産研究会）一～六頁

一ノ瀬　恵　一九八七『〈身〉の構造』青土社

稲垣正浩　一九九九「モンゴルの人と家畜の出産をめぐる認識体系の言語人類学的研究」『地球環境研究』四五（地球環境財団）三三二～三〇七頁

一九九五『スポーツの後近代』三省堂

二〇〇二『スポーツ文化の〈現在〉を探る』叢文社

井上（松田）邦子　一九九七a「白髪の力士、ナーダムに舞う」『アジア読本モンゴル』（小長谷有紀編著）河出書房新社一七八～一八五頁

一九九七b「モンゴル相撲の基層をなす『身体』イメージの復活」『椙山女学園大学研究論集』社会科学篇、第二八号二一七～二二七頁

一九九八a「儀礼における『歴史の始点』―モンゴル国ナーダム祭の変容と現在」『椙山女学園大学研究論集』

第二九号「社会科学篇」二二七～二三四頁
一九九八b「モンゴルにおける牧畜文化と競馬」『人間の探求―椙山女学園大学人間関係学部10周年記念論集』一八三～一九八頁
二〇〇〇「モンゴル相撲の『技』の研究」『IPHIGENEIA』一（日本体育大学大学院体育科学研究科スポーツ文化・社会科学系紀要）九一～一〇三頁
二〇〇二a「技名から読むモンゴル相撲の動きの認識についての研究」『IPHIGENEIA』三（日本体育大学大学院体育科学研究科スポーツ文化・社会科学系紀要）五～一八頁
二〇〇二b「モンゴルの『競馬ウマ』にみる聖性についての研究―ナーダム祭に参加する『競馬ウマ』の調教法を事例として―」『スポーツ人類学研究』（日本スポーツ人類学会）一～一六頁
二〇〇二c「モンゴル力士の身体の象徴性と創造性―ナーダム祭の〈現在〉を事例に―」『新世紀スポーツ文化論』Ⅱ（稲垣正浩編）タイムス 一五〇～一七〇頁

今岡良子 一九九五「1995年、市場経済移行後の『ウーリン・トヤー』協同組合～バヤンホンゴル県東ボクト山ツェルゲルにおける調査報告～」『モンゴル研究』一六 二二一～三七頁

今西錦司 一九四八『遊牧論そのほか』秋田屋

岩村 忍 一九九七（一九六三）『元朝秘史』（三一版）中公新書

宇佐美隆憲 一九九三「中国内蒙古自治区のモンゴル相撲―近隣民族の受容をめぐって」『アジア・アフリカ文化研究所研究年報』二八 アジア・アフリカ文化研究所 八六～七七頁
二〇〇二『草相撲のスポーツ人類学―東アジアを事例とする動態的民族誌』岩田書院

内田吟風 田村実造 他
一九九四（一九七一）『騎馬民族史』一～三（第一二刷）平凡社

宇野公一郎 一九九四「弓矢」『文化人類学事典』（石川栄吉他編）弘文館 七九八頁

ウノ・ハルヴァ 田中克彦訳

梅棹忠夫　一九七一『シャマニズム』三省堂
一九六五「狩猟と遊牧の世界―自然社会の進化―」『思想』二，四（岩波書店）一〇～二九頁，六六～八八頁
一九九一「黎明期のツングース研究およびモンゴル研究」『東北アジアの歴史と社会』（名古屋大学出版会）
一～一三頁
一九九二『モンゴル研究』（再版）中央公論社
エイリック・ホブズボウム　テレンス・レンジャー　前川啓治／梶原景昭他訳
一九九九（一九九二）『創られた伝統』（第五刷）紀伊國屋書店
江上波夫　一九九九『匈奴の社会と文化』江上波夫文化史論集三 山川出版
エドアルド・S・ブルーソン
一九七八『世界の競馬と生産―サラブレッドの誕生および各国における発展と現状』日本中央競馬協会
大林太良　一九九五「神馬の奉献について」『馬の文化叢書六民俗』（岩井宏實編）馬事文化財団
小沢重男　一九八四-八九　『元朝秘史全釈』（上）（中）（下）『元朝秘史全釈続攷』（上）（中）（下）　風間書房
一九九二『モンゴルという国』（小沢重男・鯉渕信一著）読売新聞社
一九九四『現代モンゴル語事典』（小沢重男編）大学書林
小貫雅男　一九八五『遊牧社会の現代』青木書店
小野繁樹　一九九二「競技」『入門・モンゴル国』（青木信治・橋本勝編著）平原社 一四九～一六三頁
梶村　昇　一九七八「『元朝秘史』にみるモンゴル人の信仰」『アジア研究所紀要』五（亜細亜大学アジア研究所）
K・ブランチャード／A・チェスカ　大林太良監訳／寒川恒夫訳
一九九〇（一九八八）『スポーツ人類学入門』大修館書店
加藤九作　一九八〇「モンゴル人民共和国の伝統的物質文化―ビャトキナ著『モンゴル人民共和国のモンゴル人』から―」
『国立民族学博物館研究報告』四-三　四〇四～四六八頁
鯉渕信一　一九八一「諺・民話等にみるモンゴル人の家畜観」『アジア研究所紀要』亜細亜大学アジア研究所 八九～一一九頁

一九八七「モンゴル語における馬の個体識別語彙―主に毛色名を中心にして―」『アジア研究所紀要』一四 亜細亜大学アジア研究所 三三二〜三〇七頁
合田 濤
一九八二『騎馬民族の心―モンゴルの草原から』日本放送出版協会
後藤 富男
一九五六『現代の文化人類学一認識人類学』至文社
一九六八「モンゴル族におけるオボの崇拝―その文化における諸機能」『民族学研究』一九
『内陸アジア遊牧民社会の研究』吉川弘文堂
小長谷（利光）有紀
一九八六「モンゴルにおける家畜預託の慣行」『史林』六九（五）（史学研究会）七七〇〜七九四頁
一九九一a「モンゴルの家畜屠殺をめぐる儀礼」『東北アジアの歴史と社会』（畑中幸子・原田煌）名古屋大学出版会 三〇三〜三三三頁
一九九一b「モンゴルの夏―馬乳酒の季節―」『地理』三六‐八 二五〜三二頁
一九九一c『モンゴルの春』河出書房新社
一九九二a「モンゴルにおける家畜の去勢とその儀礼」『北方文化研究』二一 北海道大学 一二一〜一六一頁
一九九二b『モンゴル万華鏡』角川選書
一九九二c『モンゴル風物誌―ことわざに文化を読む』東京書籍
一九九三「狩猟と牧畜をつなぐ動物資源観」『資源への文化適応』（大塚柳太郎編）雄山閣 六九〜九二頁
一九九四「モンゴル」『世界民族問題事典』（梅棹忠夫監修）平凡社 一一五八〜一一五九頁
一九九六a「モンゴル草原の生活世界」朝日選書五五一
一九九六b「モンゴルのナーダム祭り」『Arctic Circle』一九 北海道立北方民族博物館
佐伯聰夫
一九九四（一九八七）「スポーツ」『最新スポーツ大事典』（日本体育協会）五二一〜五二四頁
酒井直樹 西谷修
一九九九『〈世界史〉の解体―翻訳・主役・歴史』以文社

サロールボヤン・J／尾崎孝宏編訳
　二〇〇〇　『セチェン＝ハンの駿馬～モンゴルの馬文化』礼文出版
清水久夫　一九九一　「『蒙古襲来絵詞』の歴史資料としての価値―弓の形態をめぐって」『法政史学』四三　一三～三〇頁
J・W・ロイ、Jr.
　一九八七　「スポーツの本性―概念規定への試み」『スポーツと文化・社会』（J・W・ロイ、Jr. 他編　粂野豊編訳）ベースボール・マガジン社
ジャン＝リュック・ナンシー
　一九九九　『侵入者―いま〈生命〉はどこに？』以文社　西谷修訳編
ジョルジュ・バタイユ
　一九九九　『非‐知―閉じざる思考―』平凡社ライブラリー
白鳥庫吉　一九四三　『蒙文音訳元朝秘史』東洋文庫
杉田くるみ　一九八二　「モンゴルにおける遊牧生産とその形態の歴史的変容」『モンゴル研究』一三（日本モンゴル学会）五六～六三頁
杉山正明　一九九二　『大モンゴルの世界―陸と海の巨大帝国』角川書店
　一九九七　『遊牧民から見た世界史―民族も国境もこえて』日本経済新聞社
寒川恒夫　一九九二　「スポーツの民族性と普遍性」『スポーツという文化』（サントリー不易流行研究所編）TBSブリタニカ
　一九九五ａ　『21世紀の伝統スポーツ』大修館書店
　一九九五ｂ　『相撲の人類学』（寒川恒夫編著）大修館書店
ソロングド・バ・ジグムド
　一九九一　『モンゴル医学史』農山漁村文化協会　ジュルンガ　竹中良二訳　丸山博　小長谷有紀監修
竹内敏晴　二〇〇二（一九八八）『ことばが劈かれるとき』ちくま文庫
竹内利美　一九九五　「馬の民俗」『民俗』（岩井宏實編）馬事文化財団　二四～四二頁

田中克彦　一九七八　「モンゴルのスポーツ」『モンゴルのスポーツ』（モンゴル人民共和国書籍輸出入局編）ベースボール・マガジン社
田辺明生　一九九七　「伝統の政治学―インド・オリッサでの武術競技会による国民文化の創造の試みとその波紋―」（青木保編）『儀礼とパフォーマンス』岩波書店
　　　　　一九九二　『モンゴル―民族と自由―』岩波書店
谷　泰　　一九七六　『牧夫フランチェスコの一日』NHKブックス
　　　　　一九九七a　（一九九七）『神・人・家畜―牧畜文化と聖書世界』（第二刷）平凡社
　　　　　一九九七b　『カトリックの文化誌』日本放送出版協会
鳥居龍蔵　一九四一a　「契丹の角觝」『鳥居龍蔵全集』第六巻 朝日新聞社
　　　　　一九四一b　「蒙古相撲の調査」『鳥居龍蔵全集』第九巻 朝日新聞社
那珂通世　一九〇七　『成吉思汗実録』大日本図書
中見立夫　一九九五　「モンゴル」『世界民族問題事典』（梅棹忠夫監修）平凡社 一一五九～一一六〇頁
野沢延行　一九九二（一九九一）『モンゴルの馬と遊牧民』（第三刷）原書房
橋本和也　一九九五　「フィジーにおける民族文化の演出―新たな〔観光文化〕の可能性を求めて」『観光人類学』（山下晋司編）新曜社
　　　　　一九九九　『観光の戦略―文化の売り方、売られ方』世界思想社
蓮見治雄　一九七八‐八七　「元朝秘史の口承文芸的研究」一‐四『東京外国語大学論集』二八，三〇，三四，三七
　　　　　一九七八　「モンゴルのしきたりと馬―婚姻と遊牧をめぐる儀礼」『季刊民族学』三（一）一一四～一二二頁
　　　　　一九九三a　『チンギス・ハーンの伝説―モンゴル口承文芸―』角川書店
　　　　　一九九三b　『モンゴル入門』（日本・モンゴル友好協会編）三省堂
　　　　　一九九三c　『図説・モンゴルの遊牧民』新人物往来社
長谷川　明　一九九三　『相撲の誕生』新潮選書

バー・ボルドー（富川力道）
一九九九　観光に『抵抗』する文化―モンゴルのナーダム―」『体育の科学』七‐四九杏林書院 五五八～五六三頁
二〇〇二　「ブフ文化とその再構築過程に関する文化人類学的研究」（千葉大学大学院社会文化科学研究科都市研究専攻博士論文）
原山　煌
一九七二　「モンゴル狩猟考」『東洋史研究』三一‐一（東洋史研究会）一～二八頁
一九九五　『モンゴルの神話・伝説』東方書店
バンザロフ　白鳥庫吉訳
一九四二　「黒教或ひは蒙古人に於けるシャマン教」『北亜細亜学報』第一輯
ピエール・ノラ　谷川稔監訳
二〇〇二　『記憶の場』岩波書店
藤井麻湖
二〇〇〇　「草原の競馬儀礼」『草原の遊牧文明―大モンゴル展によせて』（小長谷有紀、楊海英編著）千里文化財団 五八～六二頁
二木博史
一九七五　『モンゴル人民共和国ナーダム　騎馬民族のスポーツ祭典』ベースボール・マガジン社
古田紹欽編
一九八七　『仏教大事典』（第一版第三刷）小学館
西谷　修
一九九二　『戦争論』岩波書店
一九九五　「身体の〈テクネー〉のゆくえ」『スポーツの後近代』（稲垣正浩著）三省堂
一九九七　『離脱と移動――バタイユ・ブランショ・デュラス』せりか書房
二〇〇〇a　「公共化する身体」『環』七特集歴史としての身体　藤原書店
二〇〇〇b　『〈世界史〉の臨界』岩波書店
二〇〇一　『原理主義とは何か』（西谷修・鵜飼哲・港千尋）河出書房新社
西森　晃
一九八五　「チンギス汗碑文の発見と解説」『モンゴリカ』一巻第二号 ベアードベアー出版
日本体育学会編

日本・モンゴル友好協会編　二〇〇〇　『体育の科学』特集スポーツ科学と馬 五〇―八 杏林書院
一九九三　『モンゴル入門』三省堂
新田一郎　一九九四　『相撲の歴史』山川出版
マイネル　一九八一　『スポーツ運動学』（金子明友訳）大修館書店
松木武彦　二〇〇一　「弓と矢の系譜―日本原始・古代の武器弓矢の位置付け」『季刊考古学』七六 雄山閣出版
松田忠徳　一九九四　『モンゴルの民話』恒文社
一九九六　『モンゴル・甦る遊牧の民』社会評論社
松浪健四郎　一九九三　『格闘技の文化史』ベースボール・マガジン社
松原正毅　一九九〇　『遊牧民の肖像』角川選書
芒来　M・エルデニバートル　楠瀬良
一九九七‐一九九九　「馬の文化　日本在来馬のルーツ：モンゴル馬!?」一～一五『馬の科学』三四（二）～三六（六）日本中央競馬会競走馬総合研究所
三秋　尚　二〇〇〇　「モンゴル・遊牧家畜放牧の風景」（一）～（一一）『畜産の研究』五四（一）～（一一）養賢堂
港　千尋　一九九六　『記憶』講談社
宮本徳蔵　一九九四　『力士漂泊』筑摩書房
宮坂敬造　一九九七　「言説と実践のはざまにあらわれる身体をめぐって―ジェンダー、ダンス、身体化にかかわる儀礼の考察から―」、『儀礼とパフォーマンス』（青木保他編）岩波書店
村上正二　一九七〇～七六　『モンゴル秘史』一～三 平凡社
村井文彦　一九九四　「『近代競馬以前』についてのノート―墓前・結婚式・村祭・草競馬―」『馬の博物館研究紀要』九（根岸競馬記念公苑馬事文化財団）一～九頁
護　雅夫　一九五二　「『矢を分け與える話』について」『北方文化研究報告』第七号（北海道大学）

山崎正史　一九九四　「モンゴル国ゴビ遊牧地域における自然、人そして自然」『熱帯畜産研究会報』四（一）（熱帯畜産研究会）二二～三八頁
山田孝子　一九九四　『アイヌの世界観―「ことば」から読む自然と宇宙』（第八刷）講談社
湯浅博雄　一九九八　『バタイユ』講談社
吉田順一　一九七八　「モンゴル族の遊牧と狩猟―十一世紀～十三世紀の時代―」『東洋史研究』（東洋史研究会）一〇二～一三七頁
ローランド・レンソン　一九九三　「ヨーロッパの伝統スポーツ」『21世紀の伝統スポーツ』（寒川恒夫監修）伝統スポーツ国際会議実行委員会編　一一五～一三九頁
楊海英　二〇〇一　『草原と馬とモンゴル人』ＮＨＫブックス
和田祐一・崎山理編　一九八四　『現代の人類学三言語人類学』至文社
一九七五　『モンゴル人民共和国ナーダム　騎馬民族のスポーツ祭典』ベースボール・マガジン社
一九七八　『モンゴルのスポーツ』ベースボール・マガジン社
二〇〇一　『環』七　特集歴史としての身体　藤原書店

2. モンゴル語および外国語文献（アルファベット順）

Б. Батсүх, С. Зэвсэг

1991 " Цагийг ээлсэн их бөх (世紀の主、偉大なる力士) " Соёмбо хэвлэлийн газар

Г.Эрдэнэ

1991 " Барилдах ур (相撲の技) " Улаанбаатар

Д. Балдандорж

1975 " сурын харваа (弓矢の能力) " Улсын хэвлэлийн газар

Ж. Мөнхбат, С. Түвдэнням

1991 " Хаях би яараагүй байхад (勝つわたしが急がないのに) " Шинжлэх Ухааны Хэвлэлийн 《Эрдэм》цҮҮсг кэвдэв

Л. Нямосор, Б. Батсүх

1985 " Монгол бөхийн хөгжилт (モンゴル力士の発展) " , ?

Н. Зоригтбаатар

1991 " Гайхамшигт монгол бөх (すばらしいモンゴル力士) " Эрдэнэт хотын 《Мөнгөн Үсэг》 хувийн хэвлэх Үйлдвэрт хэвлэв

О. Намнандорж

1986 " Монголын Хурдан Морины Тухай (モンゴルの駿馬について) " Улаанбаатар

Р. Зориг

1960 " Монгол ардын спорт (モンゴル国民のスポーツ) " Улаанбаатар

С. жамбалдорж

1993 〝Морин эрдэнэ（馬の宝）〟 Улаанбаатар

С. Ням-очир

1988 〝Арын хангайн бөх чҮҮд（アルハンガイ県の力士）〟, Архангай

С. ТҮвдэнням

1992 〝Улсын аварга Хадбаатар（国民のアブラガ・ハドバータル）〟 Улаанбаатар

Ц. Бат-очир

1991 〝Үндэсний бөхийн улсын арслангууд（民族の力士の国家のアルスラン）〟 Улаанбаатар

Ц.Ганболд

1991 〝сумын наадам（弓射の競技）〟 Улаанбаатар

Ц. Гэлэгжамц

1992 〝Буур аварга（雄ラクダのアブラガ）〟 Цэцэрлэг хот

Ц. ЦагаанхҮҮ

1991 〝Хадаа аварга минь（わたしのハダー・アブラガ）〟《Булаг》 хэвлэлийн газар

Ц. ШҮгэр

1991 〝Хоёр арслан（二人のアルスラン）〟 Монгол хэвлэл

Ш. Мягмар

1991 〝Аваргын дэвэлт（アブラガのデウェルト）〟 Улаанбаатар

1991 〝Есийн даваа өндөр（9回戦の頂点）〟 Улаанбаатар?

1989 〝Хурдан морины уралдааны дҮрэм（駿馬の競走の規則）〟 Улаанбаатар?

1994 〝Эрийн гурван наадам（男の三種の競技）〟 Улаанбаатар

Koppers,Wilhelm

1936 Pferdeopfer und Pferdekult der Indogermanen.in:Wiener Beiträge zur Kulturgeschichte und Linguistik.4:279-409

あとがき

筆者がモンゴル国に興味を持ったのは、大学院修士課程の学生のときに一ノ瀬恵氏の『モンゴルに暮らす』（1991年　岩波新書）を読んでからのことであった。これまで、国名くらいしか知らなかった国が、これほどまでに豊かで生き生きとしているかを思い知ったとき、モンゴルのとりこになった。その後、小長谷有紀氏や椎名誠氏などの著書を読み進めるにつれ、是非、一度、モンゴルの地を踏みたいと願うようになり、その後すぐにモンゴル国へ（純粋な旅行であるのだが）赴いた。1992年当時、まだ、モンゴル国ではなく、モンゴル人民共和国と呼ばれた地では、その迫りくる大自然と人々の輝きにめまいをするほどの体験をしたのを覚えている。大げさに言えば、人生観を変えざるをえないほどの強烈なインパクトがあった。

その後、大学に就職することができ、海外へのフィールドワーク調査を行う機会を得て本格的な調査を行ったのが1995年のことであった。そのころには、始めて訪れた時期に比べ市場経済化が一段と進んでいることを実感した。それと同時に、ストリートチルドレンと呼ばれる、身よりのない子ども達がマンホールの中で暮らしているのが、徐々に目立つようにもなってきていたのだった。

その後、6度にわたりフィールドワークを行っている。時期は、夏の時期と真冬である。夏は、モンゴルにおいて最もすごしやすい時期といわれており、からっとした風が体内の水分を必要以上に取り去るような気候である。その分、空は言葉につくせないほど、美しく、その青さは格別である。モンゴルの人々にとって「青」は高貴な色とされ、たとえば晴れ着などにも好んで青が用いられるというが、この空の青さをみれば、納得がいく。一方、旧正月になると、マイナス30度を超える日が続き、時には、マイナス40度になることもある。マイナス20度のある日、「今日の寒さは緩やかだ」とモンゴル人同士が話しているのを聞いたときは、これだけ日本に近い国であるにもかかわらずこの国の自然の厳しさを痛感した。

この6度にわたるフィールドワークでは、何より、人との出会いが貴重な財産であったと思う。60歳で現役の力士、草原に暮らす20歳の若いお母さん、都会のマンホールに暮らす子どもたち、ラクダに乗って遠方からナーダム祭を見学にきたおじいさん、夜中の草原で道に迷ったときにゲルのベッドを空けてくれた見知らぬ家族、田舎に行くときにはいつも運転してくれた筆者のモンゴルでの「オウォー《おじいさん》」、日本に帰ったら嫌だと泣いてくれた5歳の女の子……数えればきりがない。そうした、モンゴルでの体験は確実に筆者のからだの中に染み込んだ〈記憶〉として存在している。

そうした「熱く」、「生き生きとした」体験をどのように記述するのかというのが、モンゴル国を研究対象と考えたときの一番の悩みであった。何よりも、モンゴルに暮らす人々の「生きた」文化を何とか論文に生かしたいと考えた。そこで、本書でとりあげたような、〈記憶〉という概念を通じて、モンゴル国ナーダム祭の現在へと迫ることとした。しかし、太陽の照りつける大地に草が薫り、光をはなつ力士の動き、風になるウマ、時間をも静止させるような射手のわざ――そうしたナーダム祭の今の姿をどれだけ記述できたかは甚だ不安ではある。本書の刊行を契機にして、さらなる精進を重ね、ナーダム祭の真実に接近したいと考えている。

本書は、日本体育大学大学院スポーツ文化・社会科学系の博士論文を一部加筆修正したものである。本研究をするにあたり多くの方々にお世話になった。ご指導を賜った先生方はもちろんのこと、モンゴル国の方々にもご協力、ご支援を賜った。筆舌につくしがたい多くのことを学ばせていただいた。モンゴルでの調査について便宜を図ってコーディネイトしてくださったバーサンフーさん、ウランバートル滞在中に部屋を提供し、家族ぐるみでお付き合いさせていただいたチェチェゲーさんご一家、相撲の知識のない筆者に一から相撲のことを教えてくださった力士のジャンジルドルジさん、けいこから試合までつききりで調査させてくださった力士ソソルバランさん――すべての方々のお名前を挙げることはできないが、こころから感謝の意を表したい。筆者にとってのモンゴルの魅力とは、この暖かい方々との出会いの魅力といっても過言ではない。

最後になるが、叢文社の佐藤公美氏には、一向に仕事の進まない筆者を見限ることなく、校正の段階から大変お世話になった。お蔭様で、「スポーツ学選書」のひとつに加えていただく光栄を賜った。この場を借りて、お礼を申し上げたい。

２００４年　11月21日

井上邦子

井上邦子（いのうえ　くにこ）
1968年生まれ。奈良県出身。奈良教育大学大学院修士課程、日本体育大学大学院博士後期課程修了。体育科学博士。スポーツ史、スポーツ人類学専攻。
論文、著書に『アジア読本モンゴル』（共著・河出書房新社）、『世界大百科事典』（共著・平凡社）、『新世紀スポーツ文化論』Ⅱ（共著・タイムス）、『教養としてのスポーツ人類学』（共著・大修館書店）など。

『モンゴル国の伝統スポーツ—相撲・競馬・弓射』

発　行／2005年２月５日　第1刷
著　者／井上邦子
発行人／伊藤太文
発行元／株式会社叢文社

〒112-0003
東京都文京区春日2-10-15
TEL 03-3815-4001
FAX 03-3815-4002

編　集／佐藤公美
印　刷／モリモト印刷株式会社

定価はカバーに表示してあります。
乱丁・落丁についてはお取り替えいたします。

ISBN4-7947-0512-3

「スポーツ学選書」発刊のことば

21世紀を迎え、スポーツをめぐる情況は、20世紀とは明らかに異なる新展開をみせている。しかも、急ピッチである。とりわけ、インターネットの普及によるスポーツ文化全体におよぼす影響の大きさは計りしれないものがある。それは、まるで、スポーツ文化全体が未知なる世界に向けて、大きく羽ばたこうとしているかにみえる。

こうしたスポーツ情況の驚くべき進展に対して、スポーツの「学」は旧態依然たるままである。20世紀の後半に著しい進展をみた「スポーツ科学」は、当初の総合科学としての心意気を忘れ、いまや、狭い実験・実証科学の隘路に陥ろうとしている。のみならず、スポーツ現場の最先端で陣頭指揮に立つ監督・コーチの経験知を、非科学的という名のもとに排除する。

時代は、もはや、このような偏狭なセクショナリズムにとらわれている猶予はない。いまこそ、スポーツ現場の経験知と、実験・実証科学の研究成果と、スポーツ文化・社会科学の研究成果とを一つに結集して、社会に還元していくことが急務である。かくして、これら三つのジャンルを一つに束ねる新しい「学」として、われわれは「スポーツ学」を提唱する。

われわれは、この意味での「スポーツ学」の擁立に賛同する人びとに広く呼びかけ、スポーツに関する最新の「知見」を集積し、公刊することを目指す。名づけて「スポーツ学選書」。

大方のご叱正、ご批判をいただければ幸いである。

2001年3月

叢文社